HR精英
必备的
通识手册
| 财务＋法律 |

吴 悦 ◎ 编著

中国铁道出版社有限公司
CHINA RAILWAY PUBLISHING HOUSE CO., LTD.

北 京

图书在版编目（CIP）数据

HR 精英必备的通识手册. 财务＋法律 / 吴悦编著. --
北京：中国铁道出版社有限公司，2025. 5. -- ISBN
978-7-113-32102-4
　　Ⅰ. F279.23-62
中国国家版本馆 CIP 数据核字第 20254E4227 号

书　　　名：	HR 精英必备的通识手册（财务＋法律）
	HR JINGYING BIBEI DE TONGSHI SHOUCE (CAIWU+FALÜ)
作　　　者：	吴　悦

责任编辑：王　宏　　　编辑部电话：（010）51873038　　　电子邮箱：17037112@qq.com
封面设计：宿　萌
责任校对：安海燕
责任印制：赵星辰

出版发行：中国铁道出版社有限公司（100054，北京市西城区右安门西街 8 号）
网　　址：https://www.tdpress.com
印　　刷：河北燕山印务有限公司
版　　次：2025 年 5 月第 1 版　2025 年 5 月第 1 次印刷
开　　本：710 mm×1 000 mm　1/16　印张：12　字数：220 千
书　　号：ISBN 978-7-113-32102-4
定　　价：69.80 元

版权所有　侵权必究

凡购买铁道版图书，如有印制质量问题，请与本社读者服务部联系调换。电话：（010）51873174
打击盗版举报电话：（010）63549461

前言

HR（人力资源管理者）是企业经营发展过程中不可或缺的人员，对企业的人力资源管理有着重要的作用。优秀的HR可以大幅提高企业人力资源管理效率，帮助企业获得更多发展效益。而想要成为一名优秀的HR，不仅要具备专业的人力资源管理知识，还需要提升自己的综合能力。

财务与法律几乎贯穿企业发展的每一个环节，在人力资源管理方面也不例外，HR若对相关财务与法律知识一无所知，必然不利于自身和企业的发展。此外，掌握一些基本的财务与法律知识，在提升个人职场技能的同时，还能树立一定的风险意识。

希望读者通过阅读本书，可以轻松掌握相关财务知识及法律知识，提升人力资源管理水平，实现自我价值。

本书共七章，可分为三部分。

第一部分为第1章，主要介绍HR需要了解的财务常识，包括入门财务知识及基础的财务报表。

第二部分为第2～4章，主要介绍HR日常工作中会涉及的财务知识，如职工薪酬与福利管理、个人所得税核算，以及人力资源预算与成本管理。

第三部分为第5～7章，主要对法律意识、劳动合同管理、工伤应急处理及劳动纠纷防范等进行讲解，强化HR的法律意识，提高HR处理与法律责任相关事务的能力。

本书结构严谨，内容扎实，综合了 HR 日常管理工作中会涉及的常见财务与法律知识，通过大量图示、图表与案例等内容，增强了内容的可读性，用通俗易懂的文字进行讲解，让读者能够轻松有趣地学习书中的内容。

最后，希望所有读者都能从本书中学到所需的财务与法律知识，提升职场实操水平，促进自我发展。

编　者

2025 年 1 月

目录

第1章 HR须具备的财务常识

1.1 了解财务基础知识 1

1.1.1 明白人力资源与财务工作的联系 1

1.1.2 认识会计要素与会计科目 2

1.1.3 初步认识原始凭证 4

1.1.4 高效审核原始凭证 7

1.1.5 简单认识会计账簿 8

1.1.6 了解会计档案 13

1.1.7 理解会计记账基础知识 14

实例分析 权责发生制与收付实现制的区别 15

1.1.8 规范报销流程 16

1.2 快速看懂三大财务报表 18

1.2.1 看企业的财务状况——资产负债表 18

实例分析 某企业资产负债表分析 25

1.2.2 看企业的经营情况——利润表 29

1.2.3 看企业的现金状况——现金流量表 31

第 2 章 懂得职工薪酬与福利管理

2.1 合理进行薪酬与绩效管理 34
2.1.1 员工薪酬的构成 34
2.1.2 常见薪酬计算方式 35
2.1.3 规范薪酬管理制度 36
2.1.4 正确认识绩效管理 37
2.1.5 平衡计分卡下的绩效考核 38
2.1.6 科学设计薪酬体系 39

2.2 明确基本福利有哪些 41
2.2.1 基本社会保险的种类 42
2.2.2 社会保险的核算 43
实例分析 社会保险缴费基数的确定 43
2.2.3 医疗保险的核算 44
2.2.4 了解住房公积金 45

2.3 熟悉休息休假制度 46
2.3.1 法定休息休假节日 46
2.3.2 了解员工休假管理制度 48

第 3 章 熟悉个人所得税

3.1 知晓个人所得税征收办法 52
3.1.1 个人所得税法概述 52

- 3.1.2 个人所得税的征税内容 53
- 3.1.3 区分起征点与免征额 56
  - **实例分析** 起征点与免征额的区别 56

3.2 代扣代缴个人所得税 57

- 3.2.1 个人所得税税率标准 57
- 3.2.2 个人所得税扣除项目有哪些 59
- 3.2.3 如何计算个人所得税应纳税额 62
  - **实例分析** 个人所得税应纳税额的计算 65
- 3.2.4 代扣代缴个人所得税的流程 65

3.3 个人所得税优惠政策与汇算清缴 66

- 3.3.1 及时掌握个人所得税优惠政策 66
- 3.3.2 了解汇算清缴的相关规定 68
  - **实例分析** 个人所得税汇算清缴计算 69

第 4 章　做好人力资源预算与成本管理

4.1 科学规划人力资源预算 71

- 4.1.1 人力资源预算的内容 71
- 4.1.2 人力资源预算的编制流程 72
- 4.1.3 增量预算法编制人力资源预算 75
  - **实例分析** 基于增量预算法的人力资源预算规划 75
- 4.1.4 零基预算法编制人力资源预算 76
  - **实例分析** 基于零基预算法的人力资源预算规划 77
- 4.1.5 人力资源预算编制常见问题 79

4.2 企业人力资源成本的内容 80
4.2.1 人力资源成本有哪些 80
4.2.2 不同用工模式下的人力资源成本 82

4.3 有效降低人力资源成本 84
4.3.1 做好招聘成本控制 84
4.3.2 培训费用最大化 88
4.3.3 留住人才降低离职成本 90
4.3.4 灵活用工降低人力成本 91
4.3.5 关注隐性成本 93

第 5 章　具备法律意识与掌握劳动合同管理方法

5.1 树立招聘相关法律意识 96
5.1.1 发布招聘信息的注意事项 96
实例分析 招聘时性别歧视，需要承担什么后果 98
实例分析 录用条件模糊导致经济赔偿 99
实例分析 录用条件明确，合法解除劳动合同 99
5.1.2 重视录用通知书发放的法律效力 100
实例分析 发放录用通知书后，企业可以单方面拒绝录用吗 102

5.2 依法签订劳动合同 102
5.2.1 劳动合同有哪几种类型 103
5.2.2 劳动合同的形式及责任承担 104
实例分析 用人单位未按规定签订劳动合同的法律后果 104
5.2.3 熟知劳动合同的签订事项 105
实例分析 超期限约定试用期的法律责任 106

5.2.4 清楚劳动合同的效力 107
实例分析 无效劳动合同的风险分析 108

5.2.5 双重劳动关系是否合法 109
实例分析 双重劳动关系的风险分析 110

5.2.6 企业可以收取保证金吗 111
实例分析 收取劳动者押金的责任承担 111

5.3 劳动合同的履行与变更 112

5.3.1 劳动者享有哪些权利 112
实例分析 不支付加班费，侵犯了劳动者的权益吗 113

5.3.2 劳动合同变更的条件 113

5.4 劳动合同的解除与终止 115

5.4.1 什么情况下可以解除劳动合同 115
实例分析 当事人双方协商一致解除劳动合同 116
实例分析 劳动者单方面解除劳动合同 117
实例分析 用人单位单方解除劳动合同 119

5.4.2 什么情况下可以终止劳动合同 120

5.4.3 解除与终止劳动合同需要进行补偿吗 120
实例分析 劳动合同期满是否需支付经济补偿 121

5.5 人力资源法律风险防范 121

5.5.1 HR 工作中有哪些法律风险 121
实例分析 用人单位无法证明已履行告知义务 122
实例分析 试用期可以不给员工购买社会保险吗 123

5.5.2 如何防范人力资源法律风险 123

第6章　及时处理工伤应急情况

6.1　工伤认定的范围 125

6.1.1　典型的工伤情形 125

实例分析　工作场所发生高空坠亡，算工伤吗 126

实例分析　上下班途中摔伤，算工伤吗 127

实例分析　提前离开岗位途中发生交通事故，算工伤吗 128

6.1.2　视同工伤的情形 129

实例分析　职工在家加班突发疾病死亡，视同工伤吗 129

6.1.3　超过法定年龄的工伤认定 130

实例分析　超龄务工农民工伤认定分析 130

6.1.4　不得认定工伤的情形 131

实例分析　出差期间酒后猝死，算工伤吗 132

6.1.5　防范工伤诈骗 132

实例分析　发生工伤事故，可以私了吗 134

6.2　劳动能力鉴定与工伤赔付 134

6.2.1　了解劳动能力鉴定申报条件 134

6.2.2　劳动能力鉴定程序 135

6.2.3　工伤保险概述 136

实例分析　用人单位未按规定缴纳工伤保险的法律后果 138

6.2.4　工伤保险待遇有哪些 139

6.2.5　工伤保险基金的构成 142

6.2.6　工伤赔付与民事赔偿可以兼得吗 143

实例分析　工伤保险赔偿与民事赔偿可以兼得吗 143

6.3　如何进行工伤申报认定 144

6.3.1　在规定时效内进行申报 144

实例分析　公司未在规定期限内进行工伤申报导致的经济赔偿 145

  6.3.2 准备好申报相关材料 145

  6.3.3 工伤认定申请表的填报 146

  6.3.4 明确工伤申报流程 148

第 7 章　防范和处理劳动纠纷

7.1 了解常见劳动纠纷 150

  7.1.1 劳动纠纷的分类 150

  7.1.2 劳动关系认定纠纷 151

    实例分析 网络主播与用人单位之间劳动关系的认定 152

  7.1.3 劳动合同纠纷 153

    实例分析 用人单位违法解除劳动合同需承担的后果 154

    实例分析 不按规定履行集体合同需承担的后果 156

  7.1.4 员工辞退与离职纠纷 157

    实例分析 违法辞退员工需要承担什么责任 157

    实例分析 拒绝出具离职证明导致的经济赔偿 158

  7.1.5 培训费用纠纷 158

    实例分析 培训费用纠纷分析 159

  7.1.6 企业规章制度纠纷 159

    实例分析 未向劳动者公示规章制度需承担的后果 160

  7.1.7 常见工伤纠纷 161

    实例分析 发生工伤事故后用人单位不肯赔付需承担的后果 161

  7.1.8 女性职工"三期"纠纷 162

    实例分析 用人单位无故解除哺乳期女职工的责任分析 163

    实例分析 用人单位解除虚假提供生育状况的女职工的责任分析 164

7.2 如何解决劳动纠纷 165

7.2.1 清楚劳动纠纷的处理程序 165

7.2.2 明确纠纷诉讼时效与举证责任 167

实例分析 未在举证期限内提交证据导致的不利后果 169

实例分析 举证责任分配的争议 169

7.2.3 做好劳动纠纷预防工作 170

7.2.4 协商方式解决劳动纠纷 171

7.2.5 调解方式解决劳动纠纷 171

实例分析 通过调解方式解决劳动纠纷 174

7.2.6 仲裁方式解决劳动纠纷 175

实例分析 通过仲裁方式解决劳动纠纷 176

7.2.7 诉讼方式解决劳动纠纷 177

实例分析 通过诉讼方式解决劳动纠纷 179

第1章

HR须具备的财务常识

HR在日常工作中或多或少会涉及一些财务工作，如核算员工薪资、职工福利待遇管理等，所以掌握一些财务知识是很有必要的。除此之外，学习基础的财务知识不仅能巩固自己的业务水平，还有助于培养财务思维，提升工作技能。

1.1 了解财务基础知识

人力资源管理是每个企业的日常管理事务，主要包括人力资源规划、招聘与配置、培训与开发、绩效管理、薪酬福利管理和劳动关系管理六大模块，从中可以看出HR在日常工作中会涉及一些财务工作。

1.1.1 明白人力资源与财务工作的联系

HR作为企业人力资源部门的一员，在处理日常人事工作的同时，还需要了解人力资源管理与财务工作之间的联系，见表1-1。

表1-1 人力资源管理与财务工作的联系

联　系	具体阐述
人力资源规划环节	人力资源规划是企业为实施发展战略、完成生产经营目标，通过对未来人力资源的需要与供给状况的分析，运用科学的方法进行组织设计，对人力资源的获取、配置、使用和保护等各个环节进行的职能策划，以确保企业人力资源供需平衡，实现人力资源与其他资源的合理配置。人力资源部门在进行规划时不仅需要做好人员的规划，还要遵循企业的可持续发展战略，保证人力资源规划与企业的财力匹配

续上表

联系	具体阐述
招聘与配置环节	企业为了吸引与招聘到合适的人才，必定会产生一些招聘成本，如广告费用、资料费用等，同时人力资源部在辞退员工与离职管理时也可能涉及员工借款与其他往来账目的清算，需要与财务部门核对
培训与开发环节	为了使员工尽快适应工作或者提高员工的业务水平，企业会定期或不定期地对部门员工进行培训，因此产生的费用会涉及账务处理，是财务人员做账的依据，需要人力资源部门保管好相关凭证
绩效管理环节	人力资源部门在组织绩效考核时，需要由财务部门配合提供各项指标完成情况并作为绩效考核的依据
薪酬福利管理环节	企业人力资源部门会根据员工日常考勤状况编制薪资表，核算好薪资与社保费用，交由财务部门进行审核、发放与扣除。同时，人力资源部制作的薪资明细表也会作为财务部门做账的原始依据

1.1.2 认识会计要素与会计科目

会计要素是会计核算对象的具体化，是反映企业财务状况的基本单位。会计要素作为财务入门的基础知识，贯穿了财务工作的方方面面。我国将会计要素分为资产、负债、所有者权益、收入、费用和利润六项，见表1-2。

表1-2 会计要素

会计要素	具体阐述
资产	资产是指企业过去的交易或事项形成的、由企业拥有或者控制的、预期会给企业带来经济利益的资源。不能带来经济利益的资源不能作为资产。按其流动性可以划分为流动资产与非流动资产： ①流动资产是指可以在一年或超过一年的一个营业周期内变现或耗用的资产，包括库存现金、银行存款、应收及预付款项、存货等； ②非流动资产是指在一年或超过一年的一个营业周期才能变现或耗用的资产，包括固定资产、无形资产和长期股权投资等

续上表

会计要素	具体阐述
负债	负债指由企业过去的交易或者事项形成的，预期会导致经济利益流出企业的现时义务。按照流动性可以划分为流动负债与非流动负债： ①流动负债是指将在一年（含一年）或超过一年的一个营业周期内偿还的债务，包括短期借款、应付票据和应付账款等； ②非流动负债是指偿还期在一年或者超过一年的一个营业周期的债务，包括长期借款、应付债券和长期应付款等
所有者权益	所有者权益是指企业资产扣除负债后，由所有者享有的剩余权益，主要包括实收资本（股本）、资本公积、盈余公积和未分配利润
收入	收入是指企业在日常活动中形成的、会导致企业所有者权益增加的、与所有者投入资本无关的经济利益的总流入。按照日常业务活动的重要性可以分为主营业务收入与其他业务收入： ①主营业务收入是指企业从事主要的经营活动所取得的收入，如零售企业的主营业务收入主要是销售商品的收入； ②其他业务收入是指企业从事非经常性的或兼营的业务产生的收入，如销售包装物、出租固定资产等取得的收入
费用	费用是指企业在日常活动中发生的、会导致所有者权益减少的、与向所有者分配利润无关的经济利益的总流出，可以划分为主营业务成本与其他业务成本： ①主营业务成本是指企业因销售商品、提供劳务等经营性活动发生的成本，如直接材料费、直接人工费等； ②其他业务成本是指除了主营业务活动以外的其他日常经营活动发生的支出，如销售材料的成本
利润	利润是指企业在一定会计期间的经营成果，包括营业利润、利润总额和净利润

由于会计对象的具体内容不同，为了更全面、系统且细致地核算各项经济业务，就有必要设置会计科目，会计科目是会计要素的具象化。与人力资源工作相关的会计科目常见的有管理费用与应付职工薪酬。

（1）管理费用

管理费用是企业行政管理部门为进行生产经营活动而发生的各种费用，人力资源部日常管理费用主要涉及的会计科目包括管理费用——办公费、管理费用——差旅费等。

（2）应付职工薪酬

应付职工薪酬是企业根据有关规定应付给职工的各种薪酬，通常有多个项目，其中人力资源部在进行职工薪酬管理时常见的明细科目包括以下内容：

应付职工薪酬——工资、奖金、津贴、补贴。企业发放给职工的薪酬，以及各项补贴都通过此科目核算。

应付职工薪酬——职工福利。职工福利费是企业根据工资总额提取的用于企业职工福利支出的资金来源，根据现行规定，职工福利费按照不超过职工工资总额的14%提取。

应付职工薪酬——社会保险费。核算企业为职工缴纳的社会保险费与医疗保险费。

应付职工薪酬——住房公积金。核算企业为职工缴纳的住房公积金。

1.1.3　初步认识原始凭证

原始凭证是企业在经济业务发生时取得或填制的，用以记录和证明经济业务发生或完成情况的凭证。根据其填制方式的不同可以分为以下凭证，如图1-1所示。

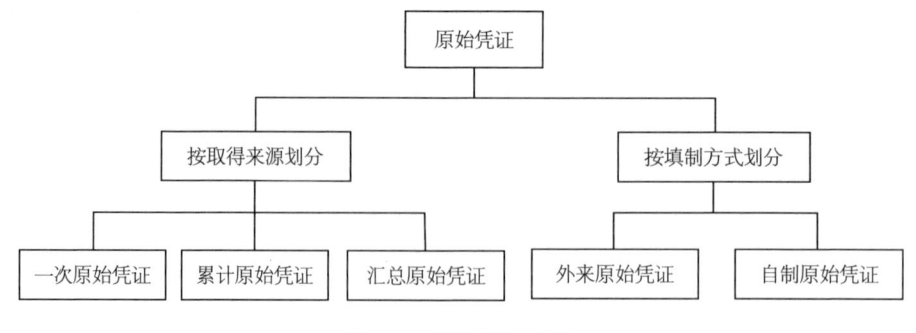

图1-1　原始凭证分类

（1）自制原始凭证

自制原始凭证是指由企业内部的各部门或个人在完成某项经济业务时所填

制的凭证，包括收料单、领料单和出库单等，如图1-2所示。

××有限公司						
领料单位：××车间 用　途：制造××产品			领 料 单 年 月 日			凭证编号： 发料仓库：号库
材料 类别	材料 编号	材料名称 及规格	计量 单位	数量 || 单价	金额（元）
				请领	实发			
备注：				合计			
主管（签章）　　记账（签章）　　发料人（签章）　　领料人（签章）						

图1-2　领料单

（2）外来原始凭证

外来原始凭证是指在与外单位发生经济往来事项时，从外单位取得的凭证，如飞机票、火车票等，图1-3为增值税电子专用发票。

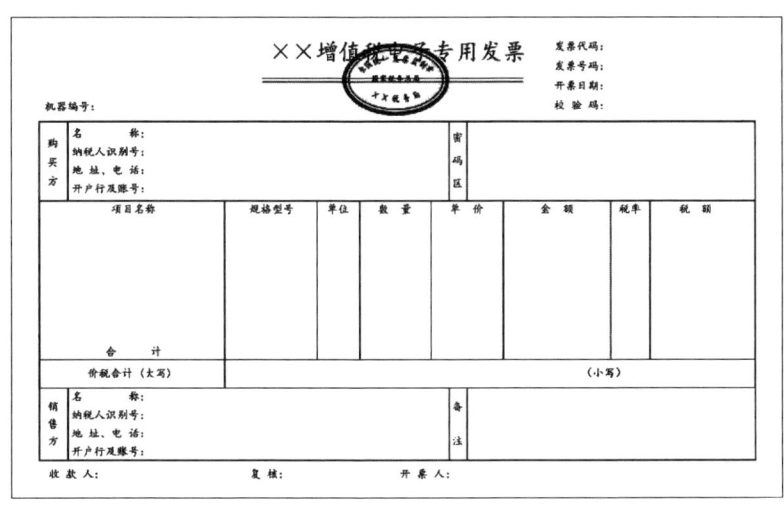

图1-3　增值税电子专用发票

（3）一次原始凭证

一次原始凭证是指只反映一项经济业务或若干项同类性质经济业务的凭证，其填制手续是一次性完成的。如企业内部的职工借款单和产品入库单等，如图1-4所示。

产品入库单

编号：					年 月 日		
品名	型号	包装规格	数量	生产日期	批号	检验单号

入库人：　　　　　　　　复核人：　　　　　　　库管员：

填写说明：本单一式三联，第一联成品库存根，第二联交于生产部，第三联交财务部。

图 1-4　产品入库单

（4）累计原始凭证

累计原始凭证是指用来记录在一定时期内连续发生的同类经济业务的自制原始凭证，其填制手续是随着经济业务事项的发生而分次进行的，如限额领料单，如图 1-5 所示。

限额领料单

××年××月　　　　　　　　　　　编号：

领料单位：　　　　　用途：　　　　　　　计划产量：
材料编号：　　　　　名称规格：　　　　　计量单位：
单价：　　　　　　　消耗定额：　　　　　领用限额：

××年		请领			实发		
月	日	数量	领料单位负责人	数量	累计	发料人	领料人	限额结余

累计实发金额（大写）：
供应生产部门负责人（签章）　　生产计划部门负责人（签章）　　仓库负责人（签章）

图 1-5　限额领料单

（5）汇总原始凭证

汇总原始凭证是指根据一定时期内反映相同经济业务的多张原始凭证汇总编制而成的，用来集中反映某项经济业务的总体情况的凭证。如工资汇总表、发料凭证汇总表等，如图 1-6 所示。

```
           ××有限公司
          发料凭证汇总表
```

应借科目	应贷科目				发料合计
	明细科目：主要材料			辅助材料	
	1~10日	11~20日	21~30日	小计	
合计					

××年××月××日　　　　　　　　　　　　　　　　　　　单位：元

图1-6　发料凭证汇总表

1.1.4　高效审核原始凭证

HR投入日常人事工作时经常会涉及一些发票、报销单据的处理，怎样才能确定原始凭证是正确的呢？这就需要了解原始凭证的填制规范，见表1-3。

表1-3　原始凭证填制规范

填制要求	具体阐述
基本内容	原始凭证的基本内容主要包括以下七项： ①原始凭证名称； ②填制日期和编号； ③填制单位名称或填制人姓名； ④对外凭证要有接受凭证单位的名称； ⑤经济业务涉及的数量、计量单位、单价和金额； ⑥经济业务的内容摘要； ⑦经办业务部门或人员签章
其他规范	除了应当具备基本内容之外，还应当遵循以下规范： ①从外单位取得的原始凭证，应使用统一发票，发票上应印有税务专用章，必须加盖填制单位的公章； ②自制的原始凭证必须要有经办单位负责人或由单位负责人指定的人员签名或盖章； ③支付款项的原始凭证，必须要有收款单位和收款人的收款证明，不能仅以支付款项的有关凭证代替； ④购买实物的原始凭证，必须有验收证明； ⑤销售货物发生退货并退还货款时，必须以退货发票、退货验收证明和对方的收款收据作为原始凭证； ⑥职工借款填制的借凭证，必须附在记账凭证之后； ⑦经上级有关部门批准的经济业务事项，应当将批准文件作为原始凭证的附件

在知晓了原始凭证的填写规范之后，还要知道如何审核原始凭证，具体规范如下所述：

（1）辨别发票的真伪

发票真伪的辨别可以从三个方面入手。一是看发票号码与单位归属地址是否一致；二是看地税局印制的最大面额，凡是超过最大面额的为假发票，国税除外；三是看日期，机打发票都会精确到年月日。

（2）审核发票内容及填制是否规范

①发票是否盖有发票专用章或财务专用章。
②原始凭证的金额合计是否正确，大小写金额是否一致。
③原始凭证是否有经办人签字，签字手续及单据是否齐全。
④原始凭证的填写是否完整规范，包括单位、数量、单价、金额和规格型号等。
⑤手写发票是否有双面复印。
⑥原始单据的粘贴是否规范。
⑦原始单据是否有经办人签字。
⑧汇总发票是否附有机打小票或销售清单，是否盖有发票专用章或财务专用章。

1.1.5 简单认识会计账簿

虽然 HR 在日常工作中不会用到会计账簿，但当遇到需要查看账务的情况，也需要翻阅会计账簿，所以应该了解会计账簿的基本类型、用途及所记录的经济信息。

会计账簿是由具有一定格式且相互联系的账页所组成，用来对企业全部的经济业务进行全面、系统、连续、分类地记录和核算。可按照用途、账页格式和外形特征进行分类：

（1）按用途分类

按照用途分类分为序时账簿、分类账簿和备查账簿三种。

◆ 序时账簿

序时账簿也叫日记账，是按照经济业务发生或完成时间的先后顺序逐日逐笔进行登记的账簿。序时账按照其内容的不同又分为普通日记账与特种日记账两种。普通日记账是将企业每天全部的经济业务都按其先后顺序记入账簿，如图 1-7 所示。

普通日记账						
年		凭证		会计科目	摘要	借方金额	贷方金额	转账
月	日	字	号					

图 1-7　普通日记账

特种日记账是专门将特定经济业务记入账簿，以反映其详细情况的账簿，如现金日记账和银行存款日记账，如图 1-8 和图 1-9 所示。

现金日记账																																
年		凭证		对方科目	摘要	收入（借方）								支出（贷方）								结余（余额）								核对
月	日	种类	号数			百	十	万	千	百	十	元	角	分	百	十	万	千	百	十	元	角	分	百	十	万	千	百	十	元	角	分	

图 1-8　现金日记账

银行存款日记账

开户行：
账　号：

年		凭证		对方科目	摘要	收入（借方）								支出（贷方）								结余（余额）								核对
月	日	种类	号数			百	十	万	千	百	十	元	角	分	百	十	万	千	百	十	元	角	分	百	十	万	千	百	十	元	角	分	

图 1-9　银行存款日记账

◆ 分类账簿

分类账簿是对企业全部经济业务按照会计要素的具体类别设置分类账户进行登记的账簿。按其核算指标的详细程度不同，分为总分类账和明细分类账。总分类账也叫总账，用来总括地反映某类经济业务；明细分类账用来提供经济业务明细核算资料，其模板如图1-10和图1-11所示。

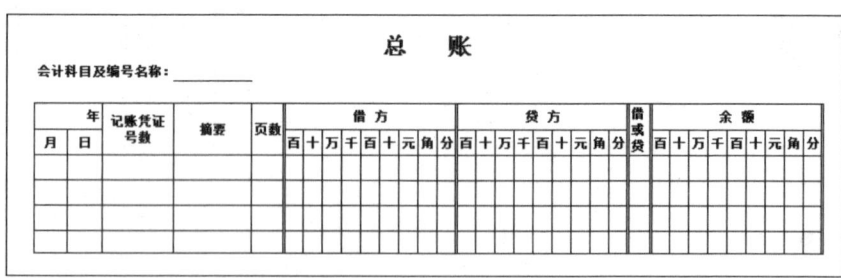

图 1-10　总账

图 1-11　明细分类账

◆ 备查账簿

备查账簿又称辅助账簿，是对某些在序时账簿和分类账簿中都不予登记或登记不够详细的经济业务进行补充登记的账簿。它可以对某些经济业务的内容提供必要的参考资料，但不是一定要设置的，也没有固定的格式。

（2）按账页格式分类

按账页格式划分，常见的主要有以下四种账簿：

◆ 两栏式账簿

两栏式账簿只有借方和贷方，普通日记账通常采用此种账簿。

◆ 三栏式账簿

三栏式账簿设有借方、贷方和余额栏，适用于只进行金额核算的资本、债权、债务明细账。如"应收账款""应付账款"和"实收资本"等账户的明细分类核算，其模板如图1-12所示。

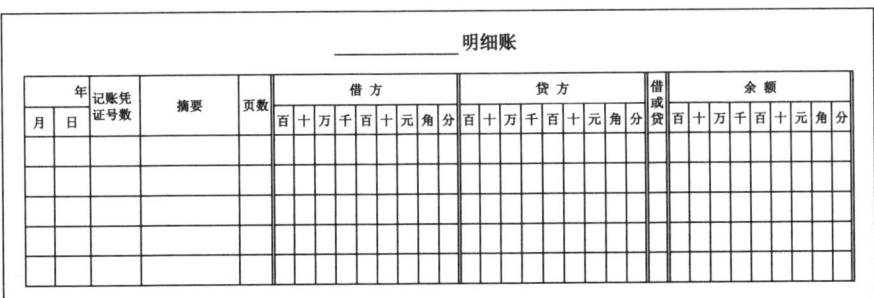

图1-12 三栏式明细账

◆ 多栏式账簿

多栏式账簿是在账簿的两个基本栏"借方"和"贷方"的基础上，按照需要再分设若干个专栏的账簿，适用于收入、成本、费用和利润等明细账。如"生产成本""管理费用""营业外收入"和"本年利润"等账户的明细分类核算，其模板如图1-13所示。

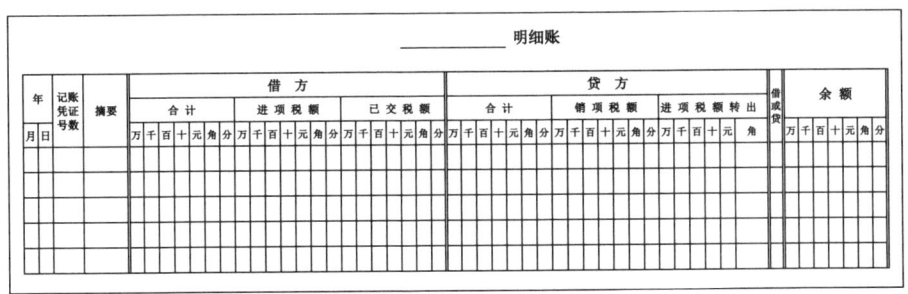

图1-13 多栏式账簿

◆ 数量金额式账簿

数量金额式账簿是在借方、贷方和余额三个栏目内，分设数量、单价和金额三小栏，以反映财产物资的实物数量和价值量，适用于原材料、库存商品和固定资产明细账，其模板如图1-14所示。

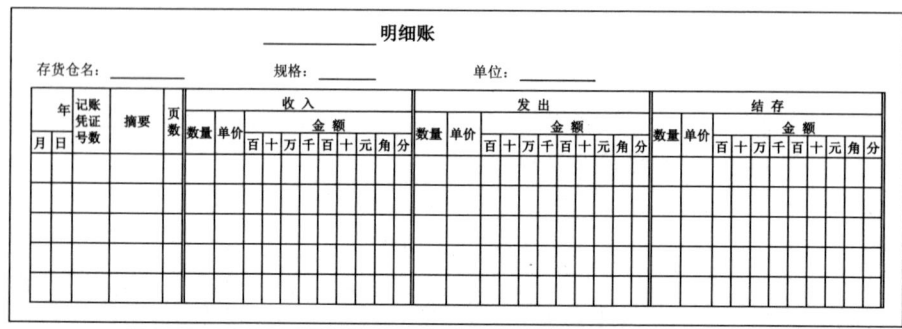

图 1-14 数量金额式账簿

(3) 按外形特征分类

按照外形特征可以分为订本账、活页账和卡片账三类。

①订本账是将编有顺序页码的账页装订成册的账簿。这种账簿一般适用于重要的和具有统驭性的总分类账、现金日记账和银行存款日记账。

②活页账是将一定数量的账页置于活页夹内,根据记账内容的变化而随时增加或减少部分账页的账簿。活页账一般适用于明细分类账。

③卡片账是将一定数量的卡片式账页放置于专设的卡片箱中,其账页也可以根据需要随时增添。在我国,一般只对固定资产明细账采用卡片账形式。

虽然账簿的形式多种多样,但一般都由封面、扉页和账页组成,见表1-4。

表 1-4 账簿的组成

构 成	具体阐述
封面	封面主要标明账簿的名称,如总分类账簿、现金日记账和银行存款日记账等
扉页	扉页标明了会计账簿的使用信息,如科目索引、账簿启用和经管人员一览表等
账页	账页是用来记录经济业务的载体,其格式不同,反映经济业务的内容也不同,但都应当包括以下内容: ①账户的名称及科目或明细科目; ②登记账簿的日期; ③记账凭证的种类和号数; ④摘要栏,记录经济业务内容的简要说明; ⑤金额栏,记录经济业务的增减变动和余额; ⑥总页次和分户页次栏

1.1.6 了解会计档案

会计档案主要包括会计凭证、会计账簿和财务报告等会计核算资料，记录和反映了企事业单位经济业务的发生情况，是企业重要的经济档案，也是学习基础财务知识不可忽略的一部分。下面就来了解一下会计档案的保管与销毁。

（1）会计档案的保管

根据《会计档案管理办法》第十四条的规定："会计档案的保管期限分为永久、定期两类。定期保管期限一般分为 10 年和 30 年……"具体保管期限见表 1-5。

表 1-5　会计档案的保管期限

序号	档案名称	保管期限
一	会计凭证	
1	原始凭证	30 年
2	记账凭证	30 年
二	会计账簿	
3	总账	30 年
4	日记账	30 年
5	明细账	30 年
6	固定资产卡片	固定资产报废清理后保管 5 年
7	其他辅助性账簿	30 年
三	财务会计报告	
8	月度、季度、半年度财务会计报告	10 年
9	年度财务会计报告	永久
四	其他会计资料	
10	银行存款余额调节表	10 年
11	银行对账单	10 年
12	纳税申报表	10 年
13	会计档案移交清册	30 年
14	会计档案保管清册	永久

续上表

序号	档案名称	保管期限
15	会计档案销毁清册	永久
16	会计档案鉴定意见书	永久

（2）会计档案的销毁

基于会计档案的重要性，《中华人民共和国会计法》（以下简称《会计法》）第二十三条规定："各单位对会计凭证、会计账簿、财务会计报告和其他会计资料应当建立档案，妥善保管。会计档案的保管期限、销毁、安全保护等具体管理办法，由国务院财政部门会同有关部门制定。"

《中华人民共和国刑法》（以下简称《刑法》）第一百六十二条之一规定："隐匿或者故意销毁依法应当保存的会计凭证、会计账簿、财务会计报告，情节严重的，处五年以下有期徒刑或者拘役，并处或者单处二万元以上二十万元以下罚金。

单位犯前款罪的，对单位判处罚金，并对其直接负责的主管人员和其他直接责任人员，依照前款的规定处罚。"

故对于会计档案的销毁需要严格按照相关规定进行，如下所述：

①会计档案保管期满需要销毁时，由本单位档案机构和会计机构共同提出销毁意见，和财务部门共同进行鉴定，编造会计档案销毁清册。

②机关、团体、事业单位和非国有企业会计档案要销毁时，须报本单位领导批准后销毁；国有企业需要经企业领导审查，报请上级主管单位批准后销毁。

③会计档案保管期满，但其中有未了结的债权债务时，应单独抽出，另行立卷，由档案部门保管到结清债权债务时为止；建设单位在建设期间的会计档案，不得销毁。

1.1.7 理解会计记账基础知识

会计记账基础能帮助非专业人员更好地理解财务知识的思维逻辑，会计记账基础包括权责发生制和收付实现制两种。

权责发生制。权责发生制也叫"应收应付"制，是以权利和责任的发生来决定收入和费用归属期的一项原则。凡是本期已经实现的收入和已经发生或应当负担的费用，不论其款项是否已经收付，都应作为当期的收入和费用处理；

凡是不属于当期的收入和费用，即使款项已经在当期收付，都不应作为当期的收入和费用。

收付实现制。收付实现制也叫"实收实付"制，是以实际收到或付出现金为标准来记录收入的实现和费用的发生。在收付实现制下，以现金的实际发生来决定是否计入当期的收入与费用，而不考虑现金收付行为对应的经济业务是否实际发生。

二者主要的区别是确认收入与费用的标准不同，权责发生制是以是否在本期为标准，收付实现制是以款项的实际收付为标准。在我国，企业一般采用权责发生制，行政和部分事业单位普遍采用收付实现制。下面通过一个案例来更好地理解权责发生制与收付实现制。

实例分析 权责发生制与收付实现制的区别

某企业20××年9月发生以下业务，按照权责发生制与收付实现制的原则来分别换算其收入和费用，见表1-6。

表1-6 某企业20××年9月经济业务及其收入与费用的核算

20××年9月的经济业务	权责发生制（元）		收付实现制（元）	
	收入	费用	收入	费用
①销售一批商品总售价60 000.00元；该批商品总成本40 000.00元，其货款已存入银行	60 000.00	40 000.00	60 000.00	40 000.00
②预收货款22 000.00元，商品将在下月交付，货款已存入银行			22 000.00	
③以银行存款预付下季度仓库租金15 000.00元				15 000.00
④销售一批商品总售价65 000.00元，货物已发出，发票已开具，销售合同约定货款将于下月结算；该批商品总成本为44 000.00元	65 000.00	44 000.00		
⑤以银行存款支付本年度第三季度短期借款的利息15 000.00元		5 000.00		15 000.00
⑥当年6月已预付了本年度第三季度的财产保险费6 000.00元		2 000.00		
合　计	125 000.00	91 000.00	82 000.00	70 000.00

根据表 1-6 中的经济业务结合权责发生制与收付实现制的原则，可以看出二者的区别。

第①项经济业务是在 9 月本期发生的，其货款也已收到，所以无论从权责发生制还是收付实现制来说，都应计入收入与费用。

第②项经济业务是预收的下月的货款，根据权责发生制就不应计入当期（即 9 月）的收入；其货款已存入银行，说明当期已经收到货款，故应按照收付实现制计入当月的收入中。

第③项经济业务以银行存款预付下季度的仓库租金，同第②项经济业务一样不属于本期的经济业务，故权责发生制下不应计入当期费用，收付实现制下应计入当期费用中。

第④项经济业务货物已发出，发票已开具，虽然是约定下期结算货款，但是其经济业务是属于本期的。根据权责发生制原则，应计入权责发生制下的收入与费用中。

第⑤项经济业务是支付本年度第三季度的借款利息，故属于当期（即 9 月）的费用仅为 5 000.00 元；而按照收付实现制已经支付了 15 000.00 元的利息，故应确认费用 15 000.00 元。

第⑥项经济业务是在当年 6 月就已经支付的，按照权责发生制，故属于本期（即 9 月）的费用为 2 000.00 元（6 000.00÷3）。

由于二者对收入与费用的确认标准不一样，导致最后核算出的 9 月收入与费用总额不一样，其净损益也不一样。虽然收付实现制比较简单，但是盈亏计算不准确，而权责发生制比较科学、合理，其盈亏计算比较准确，所以我国大部分企业采用权责发生制。

1.1.8　规范报销流程

报销是每个企业基本都会涉及的工作事项，规范的报销流程可以帮助企业提升工作效率，避免浪费。每个企业的报销制度不完全一样，以下××公司的制度模板可供 HR 参考：

××公司日常费用报销制度

为了加强公司的财务管理，合理调度资金，提高资金使用效益，根据国家有关法律、法规和各项财政政策，结合本公司的具体情况制定本制度。

一、审批权限

公司员工所有报销必须经财务部门负责人和公司总经理签字同意后，再汇总交予出纳报销。

二、请款审批手续

1. 请款人员因公需要领用现金时，应填写"借款单"，由总经理签字。

2. 请款人员持审批签字后的"借款单"到财务部，财务负责人根据公司的资金状况确定是否予以支付。若支付，需经会计制单、审核，由出纳按照批准金额予以支付。

3. 收款人员须出具收据，交由财务部门备案。

三、各种费用列支规定

1. 普通办公用品和车间日常用品根据本公司一个月需要量购入，集中填写采购申请单，经总经理签字审批后采购，采购经手人和验收人签字后报批，需附采购申请单（已审批签字）、送货签收单、领用人签收单。

2. 大宗办公用品、生产材料及零部件采购，必须签订购销合同，实报实销。

3. 差旅费报销。各类员工出差前须填写出差申请单，详细列明出差事由、出差地点和出差往返时间等信息，经部门负责人和公司总经理签字同意后方可执行。差旅费报销内容具体如下：

（1）全额报销自公司至出差目的地的往返车、船票，以及地区间长途交通费用，原则上各类人员出差不乘坐飞机，特殊情况须在乘机前经公司总经理批准，否则不予报销；船票仅限三等舱，超标部分不予报销；乘火车300公里以上，可报销硬卧铺车票。

（2）住宿费＿＿＿＿元以内方可报销，餐费＿＿＿＿元以内方可报销，特殊情况须附详细说明，经财务部门和总经理审核批准。

（3）员工出差期间如发生业务招待费，须经公司总经理同意，并且事后在费用凭据上签字，具体报销原则参照业务招待费相关要求执行。

4. 业务招待费。业务招待费应坚决贯彻"可接待可不接待，不接待""可参与可不参与人员，不参与""可发生可不发生费用，不发生"和"态度热情，费用从简"的原则，经财务部门和总经理审核通过，实报实销。

5. 打车费。报销单据需备注时间、地点、事由，否则不予报销。

6. 职工参加各种培训学习班及职称职务考试，事先应征得所在部门及公司的同意，在成绩合格后，其费用方可报销。

四、报销管理要求

1. 费用报销流程：填写费用报销单→部门负责人签字→财务部门签字→总经理签字→财务部（出纳）支付。

2. 以上各种报销发票，必须为国家统一发票，经营性收款收据一律不能报销入账，特殊情况须经总经理同意。

3. 发票抬头必须和报销单位一致，否则不能报销。

4. 各种开支必须符合国家财税法规，报销时，报销单上应注明所办事由和用途，并附原始单据和发票。

5. 财务人员对报销凭据的合法性、真实性、合理性予以复核，对不符合报销规定的单据，财务应要求更换，无法更换的，财务部门可拒绝报销。

6. 大额结算的费用，应通过银行结算。

7. 自制报销单据，由财务部统一设计格式，做到规范、整洁。

8. 报销单据一般不得涂改，如有改动，外来发票应由对方单位加盖公章，自制凭证应由经手人盖章，否则不予报销。

9. 对外签订的各种合同、协议及内部员工与公司签订的各种协议须送财务部一份，作为财务收、付款依据，对无依据的支付款项，财务部门应拒绝支付。

五、报销时间要求，购买原材料及零部件、支付工程款，必须在单据所填日期的一个月内报销。员工报销其他费用，自费用发生之日起一周内按规定程序进行报批，逾期且无正当理由的，视为自动放弃。

六、本制度自颁布之日起执行，解释权归××所有。

1.2 快速看懂三大财务报表

财务报表反映了企业的财务状况，是企业财务成果的直接体现。HR虽然不需要制作报表，但是看懂财务报表可以与业务部门进行有效的沟通，更好地进行人才管理，同时也能更深层次地理解企业的战略，提高自己的业务水平。

1.2.1 看企业的财务状况——资产负债表

资产负债表是反映企业在某一特定日期（通常为月末、季末、年末）全部资产、负债和所有者权益情况的会计报表，是根据"资产＝负债＋所有者权益"

这一会计恒等式，按照一定的分类标准和次序，将某一特定日期资产、负债、所有者权益的各项具体项目予以排列编制而成的报表。其格式主要有账户式和报告式两种，我国采用的是账户式资产负债表，如图1-15所示。

资产负债表

编制单位：　　　　　　　　　　年　月　日　　　　　　　　　单位：元

资产	期末余额	上年年末余额	负债和所有者权益（或股东权益）	期末余额	上年年末余额
流动资产：			流动负债：		
货币资金			短期借款		
交易性金融资产			交易性金融负债		
衍生金融资产			衍生金融负债		
应收票据			应付票据		
应收账款			应付账款		
应收账款融资			预收款项		
预付款项			合同负债		
其他应收款			应付职工薪酬		
存货			应交税费		
合同资产			其他应付款		
持有待售资产			持有待售负债		
一年内到期的非流动资产			一年内到期的非流动负债		
其他流动资产			其他流动负债		
流动资产合计			流动负债合计		
非流动资产：			非流动负债：		
债权投资			长期借款		
其他债权投资			应付债券		
长期应收款			其中：优先股		
长期股权投资			永续债		
其他权益工具投资			租赁负债		
其他非流动金融资产			长期应付款		
投资性房地产			预计负债		
固定资产			递延收益		
在建工程			递延所得税负债		
生产性生物资产			其他非流动负债		
油气资产			非流动负债合计		
使用权资产			负债合计		
无形资产			所有者权益（或股东权益）：		
开发支出			实收资本（或股本）		
商誉			其他权益工具		
长期待摊费用			其中：优先股		
递延所得税资产			永续债		
其他非流动资产			资本公积		
非流动资产合计			减：库存股		
			其他综合收益		
			专项储备		
			盈余公积		
			未分配利润		
			所有者权益（或股东权益）合计		
资产总计			负债和所有者权益（或股东权益）总计		

单位负责人：　　　　　财务主管：　　　　　制表人：

图1-15　账户式资产负债表

从图1-15中可以看出，资产负债表将资产、负债、所有者权益三大项目分为"资产""负债及所有者权益"两部分，且编制时二者的合计数额应是相等的。在这两大区块下又列示了各具体项目，每个项目又分为"期末余额"和"上年年末余额"两栏，具体内容见表1-7。

表1-7 资产负债表的内容

项目	具体内容
资产	资产一般按照流动性划分，分为流动资产和非流动资产，主要包括以下内容： ①流动资产：货币资金、交易性金融资产、应收票据、应收账款、预付款项、应收利息、应收股利、其他应收款、存货和一年内到期的非流动资产等； ②非流动资产：长期股权投资、固定资产、在建工程、工程物资、无形资产、开发支出、长期待摊费用，以及其他非流动资产等
负债及所有者权益	负债一般按到期日的远近排列，到期日近的排在前，到期日远的排在后，可以分为流动负债和非流动负债，包括以下内容： ①流动负债：短期借款、应付票据、应付账款、预收款项、应付职工薪酬、应交税费、应付利息、应付股利、其他应付款和一年内到期的非流动负债等； ②非流动负债：长期借款、应付债券和其他非流动负债等。 所有者权益一般按其永久程度的高低进行排列，永久程度高的排在前，永久程度低的排在后，主要包括实收资本、资本公积、盈余公积和未分配利润四大项目

资产负债表体现了企业整体的经营状况，通过阅读资产负债表可以知道企业的以下相关信息，见表1-8。

表1-8 资产负债表反映的信息

信息	具体阐述
资产的构成及其状况	通过资产负债表可以看出企业在某一日期所拥有的经济资源及其分布情况。如根据流动资产可以了解企业的银行存款及变现能力，把握资产的流动性；根据长期投资可以把握企业从事的是实业投资还是股权、债权投资；通过了解无形资产与其他资产，可以掌握企业的资产潜质
负债总额及其结构	资产负债表揭示了企业的资产来源及其构成，根据资产、负债和所有者权益之间的恒等关系，若企业负债比重高，相应的所有者权益就低，说明企业资产总额主要来源于"债务"，真正属于企业自己的财产不多
所有者权益的情况	通过资产负债表可以了解企业现有投资者在企业投资总额中所占的份额，反映投资者对企业的初始投入和累计资本的多少，也反映了企业的资本结构和财务实力
偿还债务的能力	企业偿还债务的能力主要包括短期偿债能力与长期偿债能力。短期偿债能力主要体现在资产与负债的流动性上，流动性越强，偿还债务的能力一般越强；长期偿债能力主要体现在用全部资产清偿全部负债的能力，一般认为资产越多，负债越少，其长期偿债能力越强，反之，企业缺乏长期偿债能力
企业的盈利能力	通过资产负债率指标，结合具体的行业特征可以评价企业的盈利能力

资产负债表反映的信息比较多，其阅读的方法也不止一种，那么到底应该怎样阅读资产负债表呢？一般可以根据"总体到局部""从左到右，由上到下"的原则来看，具体可参考以下四种方法：

（1）浏览主要内容

浏览资产、负债及所有者权益各项目的总额、期初及期末余额，对各项目的构成和增减变化有一个初步的印象。资产项目代表了一个企业的资产规模，资产越多，说明该企业可以用来赚取收益的资源越多，用来偿还债务的资金也越充足。但是并不意味着资产总额越多越好，因为资产的多少并不能代表企业的收益能力，也不代表偿债能力，资产规模只是代表企业拥有或控制的经济资源有多少。负债及所有者权益项目反映了企业资金的来源，有哪些来源于负债，有哪些是所有者投入的。

（2）分析具体项目

了解企业总体情况后，再重点分析各重要项目的结构，特别是变化较大或是变化异常的项目。资产负债表中常见的重要项目见表1-9。

表1-9　资产负债表常见的重要项目分析

项目	具体阐述
货币资金	货币资金指企业拥有的，以货币形式存在的资产，包括库存现金、银行存款和其他货币资金。货币资金的规模也不是越多越好，持有过多的货币资金会导致企业资产利用效率低，从而降低企业的盈利能力；持有数量过少又不利于偿还债务，会降低企业的偿债能力。货币资金持有量的合理性需要结合企业的资产规模、业务量大小和行业特点等因素判断
应收款项	应收款项包括应收账款和其他应收款。应收账款反映的是企业尚未收回的应收账款净额；其他应收款反映的是尚未收回的其他应收款净额。"坏账准备"项目是"应收账款"项目和"其他应收款"项目的抵减项目，反映企业已提取但尚未抵消的坏账准备；"应收账款"项目和"其他应收款"项目的合计减去"坏账准备"项目后的余额是应收款项的净额 企业应收账款过多会造成流动资金不足，且容易虚增企业业绩，当应收款项增长较大时，应当分析其原因。一般来说，应收账款增加的原因主要有以下三种： ①销售额增加引起应收账款的增加； ②客户故意拖延付款； ③企业为扩大销售而放宽信用标准，造成应收账款的增加
存货	"存货"项目反映的是企业期末在库、在途和在加工中的各项存货的实际成本，主要包括原材料、库存商品、低值易耗品、包装物、在产品和产成品等。 存货的数量不宜过大，太多会占用企业过多的资金，影响企业的偿债能力。存货比例通常不超过30%。 若存货的构成主要是库存商品，则容易造成存货积压；若存货的构成主要是产成品，且原材料库存在降低，说明企业的产品销售环节可能出了问题

续上表

项目	具体阐述
无形资产	资产负债表中"无形资产"科目，反映无形资产的摊余价值。而"无形资产减值准备"科目，反映无形资产可收回金额低于账面价值的差额；"无形资产净额"反映无形资产的可收回金额
固定资产	资产负债表中"固定资产"项目主要反映固定资产的净值。固定资产净值是固定资产原值减去累计折旧和固定资产减值准备后的余额。 影响固定资产净值的因素主要是固定资产原值、固定资产折旧方法和折旧年限的变动，以及固定资产减值准备的计提，企业的固定资产越多说明企业实力雄厚，但也可能造成其资金流动性不足
长期股权投资	长期股权投资是指通过投资取得被投资单位的股份。企业通过长期股权投资可以获得其他企业的股权，对被投资单位实施控制或施加重大影响，参与被投资企业的重大经营决策，从而影响、控制或迫使被投资企业采取有利于投资企业利益的经营方针和利润分配方案。同时，长期股权投资也是企业实现多元化经营、减少行业系统风险的一种有效途径
短期借款	短期借款是企业根据生产经营的需要，从银行或其他金融机构借入的偿还期在一年以内的各种借款。企业短期借款的数量越多，代表负债的金额也越多，企业的风险就越大
应付账款	应付账款反映了企业资产负债表日因购买材料、商品和接受服务等经营活动应支付的款项，应付账款的变动可以反映出企业资金的充裕程度、供货方商业信用政策等情况
应交税费	应交税费是企业根据在一定时期内取得的收入、实现的利润等，按照税法规定采用一定的计税方法计提的应缴纳的各种税费，包括增值税、消费税、企业所得税，以及由企业代收代缴的个人所得税等
实收资本（或股本）	实收资本（或股本）反映的是企业各投资者实际投入的资本（或股本）总额
资本公积	资本公积反映的是企业收到的投资者出资超过其在注册资本或股本中所占份额的部分，以及直接计入所有者权益的利得和损失等
盈余公积	盈余公积是指企业按规定比例从净利润中提取的金额，主要包括法定盈余公积和任意盈余公积
未分配利润	未分配利润反映的是企业尚未分配的利润，即企业实现的净利润经过弥补亏损、提取盈余公积和向投资者分配利润后留存在企业的、历年结存的利润

（3）计算一些基本财务指标

财务指标是企业总结和评价财务状况、经营成果的相对指标，其计算简便，通过财务指标的计算可以更直观地评价企业经济效益的好坏。常见的财务指标及其计算公式如下所述：

◆ 营运能力

营运能力是指企业营运资产的效率与效益，主要包括应收账款周转率、存货周转率和固定资产周转率等，见表1-10。

表 1-10 营运能力常见指标

常见指标	具体阐述
应收账款周转率	应收账款周转率是指企业在一定时期内赊销收入净额与平均应收账款余额之比，它是衡量企业应收账款周转速度及管理效率的指标，计算公式如下： 应收账款周转率 =（销售收入 ÷ 平均应收账款余额）× 100% 平均应收账款余额 =（应收账款余额年初数 + 应收账款余额年末数）÷ 2；应收账款周转天数 = 360 ÷ 应收账款周转率 应收账款周转率越高，说明其回收速度越快，企业应收账款的管理水平越高；反之，说明应收账款占用了企业过多的资金，会影响企业正常的资金周转及偿债能力。但是在分析企业应收账款周转率是否合理时，还应与同行业的平均水平相比较
存货周转率	存货周转率是企业一定时期内的营业成本与存货平均余额的比率，计算公式如下： 存货周转率 = 营业成本 ÷ 存货平均余额 存货平均余额 =（存货年初数 + 存货年末数）÷ 2 存货周转天数 = 360 ÷ 存货周转率 存货周转率越高，表示其周转速度越快，存货积压的风险越小，企业的变现能力和资金使用效率越好；反之，存货积压风险越大，变现能力越弱
固定资产周转率	固定资产周转率是指企业年销售收入净额与固定资产平均净值的比率，计算公式如下： 固定资产周转率 = 营业收入 ÷ 固定资产平均净值 固定资产平均净值 =（期初固定资产净值 + 期末固定资产净值）÷ 2 固定资产净值 = 固定资产原价 - 累计折旧 固定资产周转速度越快，表明企业充分利用了固定资产，使用效率高；反之，则代表企业的固定资产营运能力欠佳

◆ 偿债能力

偿债能力指企业用其资产偿还债务的能力，包括短期偿债能力与长期偿债能力。衡量企业短期偿债能力的指标主要有速动比率、流动比率与现金比率等；衡量长期偿债能力的指标主要有资产负债率和产权比率等，见表1-11。

表 1-11 偿债能力常见指标

常见指标	具体阐述
速动比率	速动比率是指企业速动资产与流动负债的比率，即速动比率 = 速动资产 ÷ 流动负债。速动比率越高，说明企业短期偿债能力越强。但是行业不同，速动比率也会有较大差别，并没有统一标准的速动比率

续上表

常见指标	具体阐述
流动比率	流动比率是企业流动资产与流动负债的比率,即流动比率＝流动资产÷流动负债。一般情况下,流动比率越高,说明企业偿还短期负债的能力越强。但也不是越高越好,流动比率过高,可能会使企业滞留在流动资产上的资金过多,不能有效加以利用,可能会影响企业盈利能力
现金比率	现金比率是企业现金类资产与流动负债的比率,即现金比率＝现金类资产÷流动负债。该比率越高,说明企业短期偿债能力越强。但是企业现金比率过高,也会让流动资产不能得到合理运用,会增加企业的机会成本
资产负债率	资产负债率是企业的负债总额与资产总额的比率,即资产负债率＝（负债总额÷资产总额）×100%。资产负债率过高,说明企业资产中来源于债务的资金占比较大,而来源于所有者的资金较少,表明企业财务风险相对较高,当现金流不足时很可能导致企业不能及时偿债,从而出现破产的情况
产权比率	产权比率是指负债总额与所有者权益总额的比率,即产权比率＝（负债总额÷所有者权益总额）×100%。产权比率反映了所有者权益对债权人权益的保障程度,比率越小,长期偿债能力越强,债权人权益的保障程度越高

◆ 盈利能力

盈利能力是指企业在一定时期内赚取利润的能力,常见指标包括营业利润率、总资产净利率和净资产收益率等,见表 1-12。

表 1-12 盈利能力常见指标

常见指标	具体阐述
营业利润率	营业利润率是企业在一定时期营业利润与营业收入的比率,即营业利润率＝营业利润÷营业收入×100%,营业利润率越高,表明企业的盈利能力越强
总资产净利率	总资产净利率是企业净利润占平均资产总额的比重,即总资产净利率＝（净利润÷平均资产总额）×100%。 其中,平均资产总额＝（期初资产总额＋期末资产总额）÷2。 该指标越高,表明资产利用效率越高,企业获取利润的能力越强
净资产收益率	净资产收益率是企业一定时期净利润与平均净资产的比率,即净资产收益率＝净利润÷平均净资产×100%。 其中,平均净资产＝（所有者权益期初数＋所有者权益期末数）÷2。 净资产收益率反映了企业自有资金的投资收益水平,该指标越高,企业盈利能力越强,对企业投资人、债权人利益的保证程度也越高

虽然衡量企业财务状况和经营成果的指标有很多，也不止上述几种，但需要明白的是财务指标往往需要结合多个报表来分析，且仅用财务指标来评价管理者的业绩也存在以下缺陷：

①财务指标只反映了过去而没有反映未来，不利于预测企业未来创造的经济效益。

②财务指标容易被操纵，过分注重财务报告中的会计利润，容易使企业管理者采用各种方法来粉饰和操纵利润。

③财务指标主要来自财务报表资料，不包含影响大多数企业长期竞争优势的因素，如产品质量、员工的素质和技能等，也不能反映经营过程和顾客的满意程度等。

（4）对企业的财务结构进行综合评价

在前述几种方法的基础上再对企业的财务结构、偿债能力等方面进行综合评价。

下面通过一个案例来了解如何阅读资产负债表。

实例分析 某企业资产负债表分析

表 1-13 所示为某企业 2023 年及 2024 年的资产负债表数据。

表 1-13　某企业 2023 年及 2024 年资产负债表数据

单位：元

项　目	2024 年 12 月 31 日	2023 年 12 月 31 日
流动资产：		
货币资金	498 015 857.77	1 346 234 070.05
应收票据	—	4 000 000.00
应收账款	781 224 254.75	573 563 721.21
其他应收款	1 252 438 412.60	399 085 016.60
存货	435 835 146.43	429 037 010.00
其他流动资产	48 352 332.12	32 337 612.83
流动资产合计	3 015 866 003.67	2 784 257 430.69
非流动资产：		
长期股权投资	1 669 459 632.00	1 175 518 518.02

续上表

项　目	2024年12月31日	2023年12月31日
固定资产	149 700 531.18	120 526 115.00
无形资产	9 784 802.53	8 379 774.73
长期待摊费用	7 529 449.41	
非流动资产合计	1 836 474 415.12	1 304 424 407.75
资产总计	4 852 340 418.79	4 088 681 838.44
流动负债：		
短期借款	908 613 709.21	675 659 344.15
应付账款	212 577 371.44	244 130 640.25
应付职工薪酬	2 366 478.45	939 067.20
应交税费	72 540 701.42	2 498 176.16
流动负债合计	1 196 098 260.52	923 227 227.76
非流动负债：		
长期借款	256 385 420.00	341 775 262.00
预计负债	142 700 487.27	26 619 890.68
非流动负债合计	399 085 907.27	368 395 152.68
负债合计	1 595 184 167.79	1 291 622 380.44
所有者权益（或股东权益）：		
实收资本（或股本）	322 500 477.00	307 504 512.00
资本公积	2 370 236 708.00	2 153 275 436.00
盈余公积	63 511 600.00	42 018 750.00
未分配利润	500 907 466.00	294 260 760.00
所有者权益（或股东权益）合计	3 257 156 251.00	2 797 059 458.00
负债和所有者权益（或股东权益）总计	4 852 340 418.79	4 088 681 838.44

根据表1-13中的数据可以得出该企业的以下相关信息：

①资产、负债及所有者权益总额的增长情况见表1-14。

表1-14 资产、负债及所有者权益总额的变化情况

项　目	增长数额（元）	增长幅度
资产总计	763 658 580.35	18.68%
流动资产	231 608 572.98	8.32%
非流动资产	532 050 007.37	40.79%
负债合计	303 561 787.35	23.50%
流动负债	272 871 032.76	29.56%
非流动负债	30 690 754.59	8.33%
所有者权益合计	460 096 793.00	16.45%

其中，增长数额即为2024年数额减去2023年相关项目的数额，增长幅度为增长数额除以前一年的数额，如流动资产的增幅为231 608 572.98÷2 784 257 430.69×100%≈8.32%。据此可知从2023年到2024年该企业的资产总量是增加的，其中非流动资产增长幅度更显著，而流动负债的增幅也有29.56%，说明该企业资产总量的增加主要是由于非流动资产与流动负债的增加。

企业流动资产与非流动资产的增加说明企业经营效益在提高，同时非流动资产增加也说明该企业对长期发展投入了更多的资源；流动资产和流动负债同时增加，说明企业运行稳定，但是流动负债的增幅大于流动资产的增幅，很可能会影响企业资金的流动性与偿债能力。

②了解了总体情况后，再来看各具体项目的变化，见表1-15。

其中，"2023年占比"及"2024年占比"为流动资产各项目分别占流动资产合计的比重，非流动资产各项目分别占非流动资产合计的比重，流动负债各项目分别占流动负债合计的比重，非流动负债各项目分别占非流动负债合计的比重，以及所有者权益各项目占所有者权益合计的比重。

表 1-15 资产负债表各具体项目的变化情况

项　目	2024 年占比	2023 年占比	变化幅度
货币资金	16.51%	48.35%	-31.84%
应收账款	25.90%	20.60%	5.30%
存货	14.45%	15.41%	-0.96%
固定资产	8.15%	9.24%	-1.09%
短期借款	75.96%	73.18%	2.78%
应付账款	17.77%	26.44%	-8.67%
长期借款	64.24%	92.77%	-28.53%
预计负债	35.76%	7.23%	28.53%
实收资本（或股本）	9.90%	10.99%	-1.09%
资本公积	72.77%	76.98%	-4.21%
未分配利润	15.38%	10.52%	4.86%

2023 年流动资产中，货币资金占比为 1 346 234 070.05 ÷ 2 784 257 430.69 × 100% ≈ 48.35%，其余各项目也可依次计算。从表 1-15 中可以看出该企业各项目的变化情况。

【2023 年各项目的变化情况】

在流动资产中，货币资金占比 48.35%，应收账款占比 20.60%，存货占比 15.41%，可见货币资金占了大部分，说明该企业资产流动性较好。

在流动负债中，短期借款占比 73.18%，应付账款占比 26.44%，说明该企业利用短期借款和应付账款很好地解决了资金周转的问题。

在所有者权益中，资本公积占比 76.98%，说明该企业经营稳定，实力较强。2024 年各项目变化情况也可依此分析。

【2023年及2024年变动幅度情况】

由表1-15可以看出，该企业2023年到2024年变动比较大的主要是货币资金、长期借款与预计负债，长期借款下降了28.53%，说明该企业的资金状况有所改善。预计负债增加了28.53%，说明该企业可能有未决诉讼或者发生了产品质量保证。

③进行指标分析。

由于指标比较多，这里以偿债能力指标中的流动比率为例。

2023年该企业流动比率为2 784 257 430.69÷923 227 227.76≈3.02

2024年该企业流动比率为3 015 866 003.67÷1 196 098 260.52≈2.52

可以看出该企业2024年流动比率相对于2023年有所降低，说明该企业短期偿债能力有所减弱，但是并不能仅靠指标分析，还需要结合其他变动项目综合分析。

1.2.2　看企业的经营情况——利润表

利润表是反映企业在一定会计期间经营成果的报表。由于它反映的是某一期间的情况，所以又被称为动态报表，主要有以下作用：

（1）反映企业的经营成果

经营成果是指营业收入和其他收入在抵扣完成本、费用和税金后的差额，用来表示企业的收益。经营成果是一个绝对值指标，是企业利润的直接体现，借此可以直观地看出企业是盈利还是亏损了。

（2）反映企业的偿债能力

利润表虽然并不能直接提供有关偿债能力的信息，但是企业的偿债能力不仅取决于资产的流动性和结构，也取决于获利能力。企业在部分年份获利能力不足，不一定会影响其偿还债务的能力，但若一家企业长期获利能力都不强，其偿债能力一般也不会很强。

（3）可以评价和考核管理人员的绩效

通过利润表除了可比较前后期各项收入、成本、费用及收益的增减变动情况，还可以据此评价企业各部门及相关人员的绩效，发现工作中存在的问题，以便及时作出生产、销售和人事等方面的方针调整。

利润表主要有单步式与多步式两种格式，我国大多数企业采用的都是多步式，如图1-16所示。

利润表

编制单位：××公司　　　　　××年××月　　　　　　　　　单位：元

项目	本期金额	上期金额
一、营业收入		
减：营业成本		
税金及附加		
销售费用		
管理费用		
研发费用		
财务费用		
其中：利息费用		
利息收入		
加：其他收益		
投资收益（损失以"-"号填列）		
其中：对联营企业和合营企业的投资收益		
以摊余成本计量的金融资产终止确认收益（损失以"-"号填列）		
净敞口套期收益（损失以"-"号填列）		
公允价值变动收益（损失以"-"号填列）		
信用减值损失（损失以"-"号填列）		
资产减值损失（损失以"-"号填列）		
资产处置收益（损失以"-"号填列）		
二、营业利润（亏损以"-"号填列）		
加：营业外收入		
减：营业外支出		
三、利润总额（亏损总额以"-"号填列）		
减：所得税费用		
四、净利润（净亏损以"-"号填列）		

图 1-16　多步式利润表

利润表主要根据"收入－费用＝利润"这一会计恒等式来编制，因此在看利润表时需要重点关注成本与费用项目。由图 1-16 中可以看出，利润表主要包括营业收入、营业利润、利润总额和净利润等内容，常见项目见表 1-16。

表 1-16　利润表常见项目说明

常见项目	具体阐述
营业收入	营业收入是企业在一定时期内销售商品或提供劳务所获得的收入，分为主营业务收入和其他业务收入
营业成本	营业成本是企业在一定时期内销售商品或提供劳务所花费的成本，分为主营业务成本和其他业务成本
税金及附加	税金及附加反映企业经营主要业务所应负担的各项税费，如增值税、消费税和所得税等
销售费用	销售费用是指企业销售商品和材料、提供劳务的过程中发生的各种费用
管理费用	管理费用是指企业行政管理部门为组织和管理生产经营活动而发生的各种费用，也是与 HR 日常工作息息相关的费用，如人力成本等
营业外收入	营业外收入是指与企业日常营业活动没有直接关系的各项利得，如职工罚款收入
营业外支出	营业外支出是指除主营业务成本和其他业务支出等以外的各项非营业性支出，如罚款支出、捐赠支出和非常损失等

续上表

常见项目	具体阐述
所得税费用	所得税费用是指企业经营获得利润应缴纳的所得税
营业利润	营业利润是指企业的全部销售业务实现的利润，其计算公式如下： 营业利润 = 营业收入 - 营业成本 - 税金及附加 - 销售费用 - 管理费用 - 财务费用 - 资产减值损失 + 公允价值变动收益（或"- 公允价值变动损失"）+ 投资收益（或"- 投资损失"）
利润总额	利润总额是企业在一定时期内通过生产经营活动所实现的最终财务成果，其计算公式如下： 利润总额 = 营业利润 + 营业外收入 - 营业外支出
净利润	净利润是企业的税后利润，是企业当期利润总额减去所得税费用后的净额，即 净利润 = 利润总额 - 所得税费用

利润表的要素也有很多，HR 不需要去仔细研究这些项目，主要关注企业盈亏情况，以及企业成本费用中有哪些与人力资源工作相关，如劳动者的薪资、招聘费用和绩效奖金等，通过对成本费用的把控，设计好薪酬管理体系，降低人力成本，为企业降本增效。

1.2.3 看企业的现金状况——现金流量表

现金流量表是反映企业一定时期内经营活动、投资活动和筹资活动对现金及现金等价物产生影响的财务报表。现金流量表是一家企业能否健康经营的证据，其主要有以下作用：

（1）弥补了资产负债表信息的不足

资产负债表是根据资产、负债和所有者权益三个会计要素的期末余额编制的；利润表是根据收入、费用和利润三个会计要素的本期累计发生额编制的。但是资产、负债和所有者权益三个会计要素的发生额没有填入资产负债表，未能得到充分展示，现金流量表则可以反映出资产、负债和所有者权益的发生额变动，以及现金变动的具体原因。

（2）可以从现金流量的角度对企业进行考核

对于任何一个企业来说现金都代表着支付能力，缺乏支付能力企业是无法经营下去的，现金流量表则提供了企业的现金信息，反映出了企业现金的流入、流出情况。

（3）了解企业筹措现金、生成现金的能力

现金是企业的"血液"，通过现金流量表可以了解到企业筹措现金的情况，以及生成现金的情况，有利于企业经营管理。

我国现金流量表的格式与资产负债表一样，采用的也是账户式，如图 1-17 所示。

现金流量表

编制单位：　　　　　　　　　年　月　　　　　　　　　　　单位：元

项目	本月金额	本年累计金额
一、经营活动产生的现金流量：		
销售商品、提供劳务收到的现金		
收到的税费返还		
收到其他与经营活动有关的现金		
经营活动现金流入小计		
购买商品、接受劳务支付的现金		
支付给职工以及为职工支付的现金		
支付的各项税费		
支付其他与经营活动有关的现金		
经营活动现金流出小计		
经营活动产生的现金流量净额		
二、投资活动产生的现金流量：		
收回投资收到的现金		
取得投资收益收到的现金		
处置固定资产、无形资产和其他长期资产收回的现金净额		
处置子公司及其他营业单位收到的现金净额		
收到其他与投资活动有关的现金		
投资活动现金流入小计		
购建固定资产、无形资产和其他长期资产支付的现金		
投资支付的现金		
取得子公司及其他营业单位支付的现金净额		
支付其他与投资活动有关的现金		
投资活动现金流出小计		
投资活动产生的现金流量净额		
三、筹资活动产生的现金流量：		
吸收投资收到的现金		
取得借款收到的现金		
收到其他与筹资活动有关的现金		
筹资活动现金流入小计		
偿还债务支付的现金		
分配股利、利润或偿付利息支付的现金		
支付其他与筹资活动有关的现金		
筹资活动现金流出小计		
筹资活动产生的现金流量净额		
四、汇率变动对现金及现金等价物的影响		
五、现金及现金等价物净增加额		
加：期初现金及现金等价物余额		
六、期末现金及现金等价物余额		

图 1-17　现金流量表

从图 1-17 中可以看出，现金流量表主要包括经营活动产生的现金流量、投资活动产生的现金流量和筹资活动产生的现金流量三大部分，具体说明见表 1-17。

表 1-17 现金流量表项目

项 目	具体阐述
经营活动产生的现金流量	经营活动产生的现金流量主要包括两部分，一是经营活动现金流入；二是经营活动现金流出。在经营活动现金流入中，主要表现为销售商品、提供劳务收到的现金；在经营活动现金流出中，主要表现为购进商品、接受劳务付出的现金。其中，接受劳务付出的现金与人力成本息息相关
投资活动产生的现金流量	企业投资活动产生的现金流量能够支撑企业更好地发展，如果投资效果良好，产生的现金流入就能用于偿还债务及创造现金流；若投资效果不好甚至未达到预期目标，则企业可能出现偿债困难的情况。 投资活动是否能够产生现金流量，与其投资项目息息相关，不能简单地只对现金流入、流出情况进行判断，还需要结合每个投资项目的实际情况进行具体分析
筹资活动产生的现金流量	筹资活动虽然能够为企业带来新鲜的"血液"，但也会使企业面临偿债压力，若企业吸收的资本多为权益性资本，则不需要企业偿还，反而会增强企业的资金实力

现金流量表结构明确，反映出了各类活动产生的现金流量情况，HR 需要关注企业现金的来源与流向，与企业的人力成本相联系，做好企业人力成本的控制管理工作。

第2章

懂得职工薪酬与福利管理

职工薪酬与福利管理是HR的本职工作之一，与财务工作有一定联系。良好的薪酬管理体系可以激发员工的积极性，提高工作效率与质量，同时也能吸引与留住更多优秀的人才，促进企业发展。

2.1 合理进行薪酬与绩效管理

薪酬与绩效管理是企业管理体系中的重要组成部分，完善的薪酬管理体系可以促进企业稳步发展，增强员工与企业之间的联系，也为财务人员进行财务活动提供了依据。

2.1.1 员工薪酬的构成

薪酬是员工因向所在企业提供劳务而获得的各种形式的报酬，主要由以下四大要素构成：

①固定薪酬：是不随业绩或工作结果变动的薪酬项目，是一种固定不变的薪酬。

②浮动薪酬：浮动薪酬是根据员工绩效水平或工作结果而变动的项目。

③短期奖励薪酬：短期奖励薪酬是对一年或一年以内的特定绩效给予奖励的一种薪酬计划。

④长期奖励薪酬：长期奖励薪酬是对一年以上的特定绩效给予奖励的一种薪酬计划。

根据货币支付的形式又可以把薪酬分为经济薪酬与非经济薪酬两种类型，见表2-1。

表 2-1 薪酬的分类

分 类	具体阐述
经济薪酬	经济薪酬是指可以用货币支付的薪酬，包括直接经济薪酬与间接经济薪酬： ①直接经济薪酬是可以用货币直接支付的工资，包括基本工资、奖金、绩效工资、激励工资、津贴、加班费、佣金和利润分红等； ②间接经济薪酬以间接货币报酬的形式支付，如带薪假、社会保险等
非经济薪酬	非经济报酬是指员工个人对工作本身或从工作的心理与物质环境上得到的满足感，由工作特征与工作环境构成
非经济薪酬	①工作特征是指工作本身具有的价值，如工作的重要性、挑战性、发展性和责任感等。 ②工作环境主要包括组织文化、工作环境的舒适性和组织制度的规范性等

员工薪酬通常是由人力资源部门进行核算，由财务部门进行审核发放，再由财务部门做账务处理，主要通过"应付职工薪酬"科目来进行，其账务处理如下：

①计提发生的职工薪资、福利

借：生产成本/制造费用/管理费用/销售费用等

　　贷：应付职工薪酬——工资

②发放各项职工薪资、福利

借：应付职工薪酬——工资

　　贷：银行存款

　　　　应交税费——应交个人所得税

2.1.2　常见薪酬计算方式

每个企业的薪酬结构都不同，薪资的具体计算方式也不一样，我国职工全年月平均制度工作时间和工资折算方法如下所述：

（1）制度工作时间的计算

①年工作日：365 天 −104 天（休息日）−13 天（法定节假日）= 248（天）。

②季工作日：248 天 ÷4 季 = 62（天/季）。

③月工作日：248 天 ÷12 月 = 20.67（天/月）。

④工作小时数的计算：以月、季、年的工作日乘以每日的 8 小时。

（2）日工资、小时工资的折算

法定休假日用人单位应当依法支付工资，即折算日工资、小时工资时不剔除国家规定的 13 天法定节假日。据此，日工资、小时工资的折算为：

①日工资：月工资收入 ÷ 月计薪天数。

②小时工资：月工资收入 ÷（月计薪天数 ×8 小时）。

③月计薪天数：(365 天 −104 天)÷12 月＝21.75（天）。

除了日常薪资的计算以外，在实际工作中往往还有加班费。我国对于加班费的计算有以下规定：

①用人单位依法安排劳动者在日法定标准工作时间以外延长工作时间的，按照不低于劳动合同规定的劳动者本人小时工资标准的 150% 支付劳动者工资。

②用人单位依法安排劳动者在休息日工作，而又不能安排补休的，按照不低于劳动合同规定的劳动者本人日或小时工资标准的 200% 支付劳动者工资。

③用人单位依法安排劳动者在法定休假日工作的，按照不低于劳动合同规定的劳动者本人日或小时工资标准的 300% 支付劳动者工资。

2.1.3 规范薪酬管理制度

薪酬管理制度明确了员工的薪资水平及绩效考核等事项，是人力资源部门开展薪酬管理工作的依据，也为财务人员发放、审核薪资提供了制度保障。常见的薪酬管理制度主要分为以绩效、岗位、技能和市场为导向的四种，见表 2-2。

表 2-2 薪酬管理制度分类

分　类	具体阐述
以绩效为导向	以绩效为导向主要是以员工的绩效为基础，如很多企业都会采用的绩效考核制度，可以有效地加强薪酬的激励作用
以岗位为导向	该薪酬管理制度主要以岗位为主，但并非完全按照岗位来执行，而是在做好岗位评价的基础上，根据岗位的重要性、对企业的贡献度，以及岗位的工作难度来确定薪酬。但这种薪酬制度不适合单独使用
以技能为导向	这种薪酬制度在民营企业中比较常见，主要是以能力定薪，具有较强的公平性。不过这种薪酬制度容易出现薪酬差异化，企业还需要加强这方面的管理
以市场为导向	以市场为导向的薪酬管理制度相对来说是比较合理的，不仅可以体现出公平性，还能增强企业的竞争性

2.1.4 正确认识绩效管理

绩效管理是指各级管理者和员工为了达到组织目标，共同参与的绩效计划制定、绩效辅导沟通、绩效考核评价、绩效结果应用和绩效目标提升的持续循环过程。绩效管理是企业人力资源管理的重要环节，同时也是企业财务管理的重要组成部分，二者存在着以下关系：

在绩效计划阶段，确定绩效目标时各部门，以及个人的目标都是来源于企业总体发展目标，是对企业总目标的分解，而财务目标又是企业发展的核心目标，所以绩效管理离不开企业的财务管理。此外，在设计绩效指标时也会涉及一些财务指标。

在绩效实施阶段，通过各项财务数据和指标也可以衡量企业绩效的实际情况。在绩效考核环节，财务部门是考核的重点部门，通过绩效指标可以反映出财务部门员工的绩效，HR可以通过考核结果来确定其是否应该加薪、晋升等。

科学的绩效管理能辅助做好企业财务管理，提升经济效益，同时HR在进行绩效管理的过程中也可以认识一些常用财务数据与指标。

不过，很多企业在实行绩效管理的时候效果并不好，主要是由于对绩效管理没有一个正确的认知，甚至存在着认知误区。要想做好绩效管理就要走出以下误区：

（1）认为绩效管理仅是人力资源部门的事情，与其他部门无关

很多企业都很重视绩效管理工作，人力资源部门也会积极推进绩效管理的进行，但很多管理者对绩效管理的认识不够，认为绩效管理仅仅是人力资源部门的事情，容易忽视对其他部门（如财务部门）的绩效管理，使得绩效考核制度流于形式。

（2）认为绩效管理就是对员工的绩效考核

由于一些企业对绩效管理的认识不足，认为绩效管理就是绩效考核。实际上绩效管理是一个完整的流程，包括绩效计划制订、绩效辅导沟通、绩效考核评价，以及绩效结果应用等几个环节，绩效考核只是其中一个环节。绩效管理的目的也不只是考核与淘汰员工，它只是一个手段，其更主要的目的是持续提升组织和个人的绩效，促进企业发展目标的早日实现。

（3）只重视考核及其结果，忽视绩效计划

在绩效管理实施过程中，很多管理者对其考核工作比较重视，对绩效计划

的制订却不够重视，而详细的绩效计划能够提升绩效考核的效率，具体有以下作用：

绩效计划是对员工进行考核的依据：制订切实可行的绩效计划是绩效管理的第一步，有了绩效计划就可以按计划对员工进行考核，并针对不完善的地方制订改进计划。

科学合理的绩效计划有利于保障企业目标的实现：详细的绩效计划便于协调各方面的资源，保证组织目标的早日实现。

绩效计划为员工提供了更明确的方向：绩效计划详细地描述了绩效考核的目标，以及评价标准等事项，使得员工可以按照计划努力。

（4）对绩效管理不能持之以恒

绩效管理并不是一个一蹴而就的过程，需要逐步完善，但有些企业可能中途就不了了之，还认为绩效管理没有作用。推行绩效管理需要正确看待其效果，不能急功近利，要知道绩效管理的成效也离不开企业的基础管理水平。

2.1.5　平衡计分卡下的绩效考核

绩效考核是针对企业中每个员工的工作，应用各种科学的方法对员工的工作效果及其对企业的贡献或价值进行考核和评价。绩效考核的办法有很多，这里主要介绍平衡计分卡法。

平衡计分卡是从财务、客户、内部运营和学习与成长四个角度出发，将企业发展战略具象化为可操作的衡量指标的一种新型绩效管理体系。其示意图如图2-1所示。

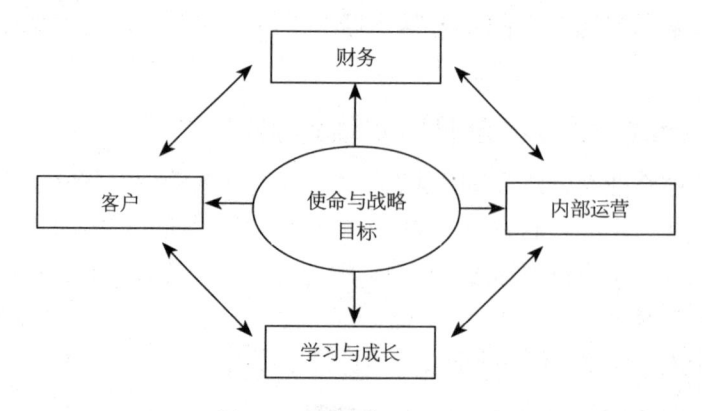

图2-1　平衡计分卡示意图

由图2-1中可以看出，平衡卡计分法虽然结合了其他非人力资源指标，但仍然将财务放在了最顶层，通过财务指标可以衡量企业当下的战略是否成功，是否提升了企业盈利能力。客户、内部运营和学习与成长层面并不是单独的衡量系统，它们层层支撑，最终还是指向财务目标的达成，由此可以看出财务对于企业发展的重要性。

平衡计分卡的这几个角度也分别代表了企业三个主要的利益相关者，即股东、客户和员工，对于每个角度重要性的判断则取决于企业的战略。这几个方面的核心内容见表 2-3。

表 2-3　平衡计分卡的内容

角　度	具体内容
财　务	财务方面一般是通过财务指标来作为企业绩效评估的工具，衡量企业的战略实施和执行情况是否能为最终经营结果作出贡献。 企业经营的目标是获取利润，而财务数据又是评价企业管理业绩不可或缺的因素，通过财务数据或财务指标就能获得一个比较直观的认识
客　户	平衡计分卡方法要求企业将使命和策略诠释为具体的与客户相关的目标。企业应以目标顾客和目标市场为导向，专注于是否满足核心顾客的需求，而不是满足所有客户的偏好。客户是企业发展必要的条件，管理者通过对客户指标的分析可以知道企业的客户管理情况
内部运营	内部运营方面主要涉及企业的改良创新过程、经营过程和售后服务过程。内部运营绩效考核应以客户满意度和对实现财务目标影响最大的业务为核心。 传统的业绩评价体系主要是通过财务指标来评价企业或部门的业绩，而平衡计分卡则强调评价指标多样化，不仅包括财务指标，还包括非财务指标，如产品合格率、推出新品所耗时间等，这样能综合地反映企业内部的管理水平
学习与成长	确立了企业要实现长期的成长就必须建立的基础框架。在激烈竞争的市场环境下，企业的技术和能力已无法确保其能实现未来的业务目标，所以企业更需要持续学习与成长。 企业在现有生产能力与所需达到的业绩目标之间往往会存在一定的差距，为了缩小此差距，企业也需要学习与创新，才能实现长期目标

2.1.6　科学设计薪酬体系

薪酬体系是指薪酬的构成与分配方式，是企业整体人力资源管理体系的重要组成部分。合理的薪酬体系可以保证企业内部的公平性，有利于促进薪酬管理水平的提升，加强企业的财务管理，提高企业的经济效益。

为了设计合理的薪酬体系，通常需要遵循表 2-4 所示的原则。

表 2-4　薪酬体系设计原则

设计原则	具体阐述
内部公平性	需要按照承担的责任大小、知识能力的高低，以及工作性质的不同，在薪资上合理体现出不同层级、不同岗位在企业中的价值差异
外部竞争性	需要保持企业在行业薪资福利中的竞争性，才能吸引优秀的人才加入
绩效性	薪酬的设置必须与企业、团队和个人的绩效完成状况密切相关，且在薪酬中应体现不同的绩效考评结果，实现员工的自我公平，从而保证企业整体目标绩效的实现
合法性	薪酬体系的设计应当符合相关法律法规的规定
可操作性	薪酬管理制度应尽量浅显易懂，使员工按照制度规范自己的行为，同时也便于管理
灵活性	薪酬制度并不是一成不变的，企业需要根据不同的发展阶段与外界环境的变化及时进行调整
适应性	科学合理的薪酬管理体系应当能体现企业自身的业务特点、行业特点等

那么到底应该怎样设计薪酬体系呢？可参考以下六个流程：

(1) 第一步：进行薪酬调查

薪酬调查是薪酬体系设计中的重要工作，也是薪酬设计的基础，它解决的是企业内部的公平性与外部竞争性的问题。在进行薪酬调查时需要考虑以下三个方面的问题：

①进行企业薪酬现状调查。通过问卷调查，从内部公平、外部公平和自我公平的角度了解现有薪酬体系中的主要问题，以及造成问题的原因。

②进行行业、地区薪酬现状调查。主要收集行业和地区的薪资增长状况、不同薪酬结构对比、不同职位和级别的薪酬数据，以此分析薪酬走势。

③调查薪酬影响因素。需要综合考虑薪酬的内外部影响因素，如宏观经济环境的变化、企业的盈利能力及招聘难度等。

(2) 第二步：制定原则策略

薪酬原则和策略是薪酬体系设计后续各项环节的基础，以此来确定企业的有关分配策略，如不同级别人员收入差距的标准、薪酬的构成比例等。

（3）第三步：进行职位分析

职位分析是薪酬体系设计的基础工作，其基本步骤如图 2-2 所示。

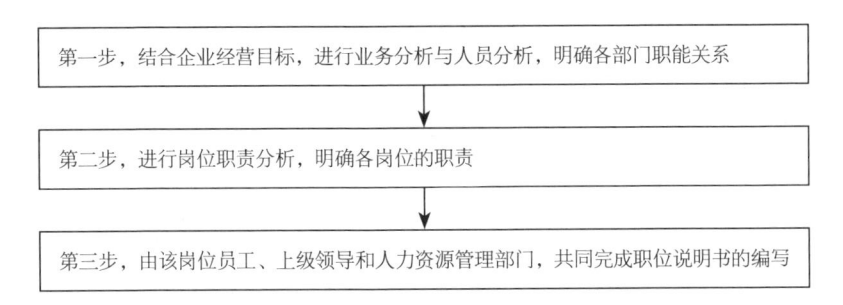

```
第一步，结合企业经营目标，进行业务分析与人员分析，明确各部门职能关系
                         ↓
第二步，进行岗位职责分析，明确各岗位的职责
                         ↓
第三步，由该岗位员工、上级领导和人力资源管理部门，共同完成职位说明书的编写
```

图 2-2　职位分析的步骤

（4）第四步：进行岗位评价

岗位评价主要是解决内部公平性的问题，以岗位说明书为依据，通过比较企业内部各职位的相对重要性，得出职位等级排序。

（5）第五步：确定薪酬类别

需要从企业的实际发展情况及对未来发展战略的规划出发，对不同类型的人员采取不同的薪酬类别，如对企业高层可实行年薪制，对营销人员采用提成工资制。

（6）第六步：薪酬结构设计

每个企业薪酬的构成因素可能不一样，这主要取决于企业采取的策略及关注的内容，但是企业在考虑薪酬构成时需要考虑以下四个方面的因素：

①不同职位在企业中的层级。
②不同岗位在企业中的职系。
③不同岗位员工的技能与资历。
④不同岗位的绩效构成不同。

2.2　明确基本福利有哪些

基本福利是国家要求每个企业为员工提供的一系列保障，主要包括各类基本保险，以及各种法定休息休假日等，这与 HR 的日常工作息息相关，HR 需要了解相关常识。

2.2.1 基本社会保险的种类

新规定实施前,基本社会保险包括养老保险、失业保险、工伤保险、生育保险和医疗保险五种。根据现行规定,生育保险已合并到医疗保险中,且社会保险与医疗保险分开缴纳,此处先介绍社保,具体内容见表2-5。

表2-5 基本社会保险的种类

种类	具体阐述
基本养老保险	基本养老保险是国家依据相关法律法规规定,为解决劳动者在达到法定退休年龄或因年老丧失劳动能力而退出劳动岗位而建立的一种保障其基本生活的社会保险制度。基本养老保险是企业和个人都必须参加的,它具有强制性、互助性和社会性的特点
失业保险	失业保险是国家通过立法强制实行的,由用人单位和职工个人缴费及国家财政补贴等渠道筹集资金建立的失业保险基金,对因失业而暂时中断生活来源的劳动者提供物质帮助以保障其基本生活,并通过专业训练、职业介绍等手段为其再就业创造条件的制度。 在我国,失业人员满足以下条件即可享受失业保险: ①非因本人意愿中断就业; ②已办理失业登记,并有求职要求; ③参保并缴纳一定的时间,每个地区可能有所差异,具体可参照当地人力资源和社会保障局。按照一般规定是所在单位和本人履行缴费义务满一年后,可享受失业保险待遇。其待遇内容如下: a. 按月领取的失业保险金; b. 领取失业保险金期间的医疗补助金; c. 失业人员在领取失业保险金期间死亡的丧葬补助金和供养其配偶、直系亲属的抚恤金; d. 为失业人员在领取失业保险金期间进行职业培训,帮助再就业
工伤保险	工伤保险是劳动者由于工作原因在工作过程中意外受伤,或因接触粉尘、有毒害物质等职业危害因素引起职业病后,由国家和社会给负伤、致残者,以及死亡者生前供养亲属提供的必要的物质帮助。 根据《中华人民共和国社会保险法》(以下简称《社会保险法》)第三十六条的规定,职工因工作原因受到事故伤害或者患职业病,且经工伤认定的,享受工伤保险待遇;其中,经劳动能力鉴定丧失劳动能力的,享受伤残待遇。工伤认定和劳动能力鉴定应当简捷、方便

2.2.2 社会保险的核算

作为 HR，除了需要核算员工的工资以外，还需要计算为员工代扣代缴的社会保险费，所以需要了解社会保险的核算与缴纳。在核算社保之前首先需要了解缴费基数，即社保基数。社保基数是社会保险的缴费标准，根据基数与缴费比例来核定需要缴纳的金额。

每个地区的社保缴费基数有所差异，通常是根据职工个人上年度工资收入总额的月平均数作为本年度的月缴费基数。其中，新进本单位的人员以职工本人当月的足月工资作为缴费基数；参保单位以本单位全部参保职工月缴费基数之和作为单位的月缴费基数。

社保缴费基数实行上下限额规定，即最低缴费基数与最高缴费基数，如下所述：

①社保缴费基数上限：职工工资收入超过上一年省、市在岗职工月平均工资算术平均数 300% 以上的，以上一年省、市在岗职工月平均工资算术平均数的 300% 作为缴费基数。

②社保缴费基数下限：职工工资收入低于上一年省、市在岗职工月平均工资算术平均数 60% 的，以上一年省、市在岗职工月平均工资算术平均数的 60% 为缴费基数。

下面通过一个案例来说明社会保险缴费基数的确定。

实例分析 社会保险缴费基数的确定

某企业员工小李上一年度月平均工资为 5 000.00 元，假设其任职企业所在地上一年在岗职工月平均工资为 8 000.00 元，则小李的社保缴费基数如下：

①上一年所在地在岗职工月平均工资的 60%=8 000.00×60%=4 800.00（元）

②上一年所在地在岗职工月平均工资的 300%=8 000.00×300%=24 000.00（元）

由于 4 800.00 < 5 000.00 < 24 000.00，所以小李当年的社保缴费基数可按照其上一年度 1～12 月的所有工资性收入所得的月平均额来确定，即为 5 000.00 元。

若当月该企业有新员工加入，当月薪资为 3 500.00 元，则其缴费基数为 3 500.00 元。

社会保险的缴纳主要是由各单位与员工共同支付一定的比例，但是由于经济发展的差异，不同地区的缴费比例也有差别。这里以四川省为例，根据现行规定，四川省基本养老保险、失业保险与工伤保险缴费的最低基数是统一的，如成都市的缴费基数与缴费比例见表2-6。

表2-6　成都市社会保险缴费基数比例

种　类	缴费基数（元）	单位缴费比例	个人缴费比例
基本养老保险	4 071.00	16%	8%
失业保险	4 071.00	0.6%	0.4%
工伤保险	4 071.00	0.1%	个人不缴纳

2.2.3　医疗保险的核算

在生育保险与医疗保险合并之后，医疗保险就包括生育保险。生育保险是国家通过立法规定，在怀孕和分娩的妇女劳动者暂时中断劳动时，由国家和社会提供医疗服务、生育津贴和产假的一种社会保险制度，是国家对生育职工给予的必要的经济补偿和医疗保障。

我国生育保险待遇主要包括两项，一是生育津贴，二是生育医疗待遇。职工享受生育保险待遇应同时满足以下条件：

①用人单位已为职工缴纳一定时间的医保。根据各地政策不同，要求缴纳的时间也不一样，如北京市要求分娩前连续缴费满9个月，广州市要求累计缴纳生育保险满1年。

②已办理参保备案，并在当地生育。

③当地人力资源和社会保障局（以下简称人社局）要求的其他条件。

医疗保险一般是指基本医疗保险，是为了补偿劳动者因疾病风险造成的经济损失而建立的一项社会保险制度。通过用人单位与个人缴费建立医疗保险基金，参保人员患病就诊发生医疗费用后，由医疗保险机构对其给予一定的经济补偿。

《社会保险法》第二十八条规定："符合基本医疗保险药品目录、诊疗项目、医疗服务设施标准以及急诊、抢救的医疗费用，按照国家规定从基本医疗保险基金中支付。"

需注意的是，职工享受医疗保险待遇的具体条件可能因各地政策不同而有所差异，以下为一般情况：

①一般来说，单位和个人当月足额缴纳之后即可享受医疗保险待遇。

②若发生欠缴行为，在足额补缴之后也可享受。

③若参保后连续中断缴费超过 3 个月再续保的人员，从足额补缴基本医疗保险费之月计算，第 3 个月开始享受基本医疗保险待遇。

与社保一样，医疗保险也实行上下限制度，每个地区的缴纳基数与缴纳比例也不一样，应关注当地人力资源和社会保障部门发布的最新政策，以了解准确的缴纳信息。

2.2.4 了解住房公积金

住房公积金是国家机关和事业单位、国有企业、城镇集体企业、外商投资企业、城镇私营企业及其他城镇企业和事业单位、民办非企业单位、社会团体及其在职职工对等缴存的长期住房储蓄。

住房公积金可用来作为个人住房贷款的担保，也可直接提现用来支付购买住房的价款或住房装修费，为职工提供了住房保障。住房公积金主要有以下五个方面的含义，如图 2-3 所示。

1	住房公积金只在城镇建立，农村不建立住房公积金制度
2	只有在职职工才建立住房公积金制度。无工作的城镇居民、离退休职工不实行住房公积金制度
3	住房公积金由两部分组成，一部分由职工所在单位缴存，另一部分由职工个人缴存。职工个人缴存部分由单位代扣后，连同单位缴存部分一并缴存到住房公积金个人账户内
4	住房公积金的缴存具有长期性，除了《住房公积金管理条例》规定的其他情形外，不得中止和中断
5	住房公积金，是职工按规定存储起来的专项用于住房消费支出的个人住房储金

图 2-3　住房公积金的含义

那是不是与社保一样每个企业都必须要为员工缴纳呢？并不是所有企业都必须要缴纳，住房公积金的缴存范围如下所述：

①机关、事业单位。

②国有企业、城镇集体企业、外商投资企业、城镇私营企业及其他城镇企业或经济组织。

③民办非企业单位、社会团体。

④外国投资企业和其他经济组织常驻代表机构。

其余单位可以按照自身经济效益情况作为福利为员工缴存，住房公积金主要具有积累性与专用性的特点，如下所述：

积累性：住房公积金不是职工工资的组成部分，不以现金形式发放，并且必须存入住房公积金管理中心在受委托银行开设的专户内，实行专户管理。

专用性：公积金实行专款专用，存储期间只能按规定用于购、建、大修自住住房，或交纳房租。职工只有在离职、退休、死亡、完全丧失劳动能力并与单位终止劳动关系或户口迁出原居住城市时，才可提取本人账户内的住房公积金。

与社保和医疗保险一样，住房公积金也实行上下限额制度。缴存上限为不超过职工工作地所在地区上一年度职工月平均工资的三倍；缴存下限为不低于职工工作地上一年度最低工资标准。但是地区不同、企业不同，其缴费基数与缴费比例也有差异，基本都在 5%～12% 的范围内。

2.3 熟悉休息休假制度

休假制度是为了保障职工享有休息权而实行的定期休假制度，不同的休息休假规定会影响人力资源部门对于员工薪资福利的核算，HR 需要了解有哪些法定休息休假日，以及常见的休假制度。

2.3.1 法定休息休假节日

法定休息休假是国家为保护劳动者权益而规定的，我国现行休假日主要包括休息日、法定节假日、探亲假、年休假以及婚丧假，且均有工资。

我国现行法定节假日为 13 天，见表 2-7。

表 2-7 我国法定节假日

节　日	具体阐述
元旦	放假 1 天（1 月 1 日）
春节	放假 4 天（农历除夕、正月初一至初三）
清明节	放假 1 天（农历清明当日）
劳动节	放假 2 天（5 月 1 日、2 日）
端午节	放假 1 天（农历端午当日）
中秋节	放假 1 天（农历中秋当日）
国庆节	放假 3 天（10 月 1 日至 3 日）

除了以上法定节假日以外，还有部分公民放假的节日及纪念日，见表 2-8。

表 2-8 部分公民节日及纪念日

节　日	具体阐述
妇女节	3 月 8 日，妇女放假半天
青年节	5 月 4 日，14 周岁以上的青年放假半天
儿童节	6 月 1 日，不满 14 周岁的少年儿童放假 1 天
中国人民解放军建军纪念日	8 月 1 日，现役军人放假半天

对包括休息日、法定年节假日、年休假、探亲假和婚丧假五类休假解读如下：

①不能实行统一工作时间的，事业单位可灵活安排休息日。

②全体公民放假的假日，如果适逢星期六、星期日，应当在工作日补假；部分公民放假的假日，如果适逢星期六、星期日，则不补假。

③法定休假日、休息日，不计入年休假的假期。根据有关规定，机关、团体、企业、事业单位、民办非企业单位、有雇工的个体工商户等单位的职工连续工作 1 年以上的，享受带薪年休假。职工累计工作已满 1 年不满 10 年的，年休假 5 天；已满 10 年不满 20 年的，年休假 10 天；已满 20 年的，年休假 15 天。国家法定休假日、休息日不计入年休假的假期。

④探亲假根据规定，职工工作满 1 年，与配偶不住在一起，又不能在公休假日团聚的，可以享受探望配偶的假期待遇（每年 1 次，假期 30 天），与父亲、母亲都不能住在一起，又不能在公休假日团聚的，可以享受探望父母的假期待遇（未婚职工每年 1 次，假期 20 天；已婚职工每 4 年 1 次，假期 20 天）。同时，单位应根据需要给予路程假。探亲假期包括公休假日和法定节日在内。

⑤婚丧假为 1～3 天，根据路程远近给予路程假。

2.3.2 了解员工休假管理制度

员工休假管理制度主要是关于休假各事项的具体规定，如休假天数及相关薪资待遇的确定。每个企业的员工休假管理制度也不一样，以下模板仅供参考借鉴：

员工休假管理制度

第一条　总　　则

为适应企业发展需要，维护正常工作秩序，保障员工相关福利待遇，特制定本制度。

第二条　适用范围

本制度适用于企业各中心、各部门所有员工。

第三条　参考法规

1.《中华人民共和国劳动法》。

2.《中华人民共和国劳动合同法》及相关政策法规。

第四条　考勤条例

1. 作息时间：全年划分春季、冬季两个作息时间段，上下班时间以行政办公室每年的正式通知为准。

2. 执行方法：全体人员须严格按照作息时间遵守考勤管理，违者，每迟到、早退十分钟，扣发当日全部工资，超过一小时按旷工一天标准处罚，并在当月工资中扣除。

第五条　假期分类

企业假期分为法定假日、工伤假、产假、病假、年休假、特殊事假。

第六条　假期规定与待遇

1. 法定节假日：

根据国务院办公厅通知，全体员工每年享有以下国家规定的法定节

假日。(略)

2. 工伤假：

员工因工作遭受事故伤害或者患职业病需要暂停工作接受工伤医疗的。停工留薪期内，基本工资100%发放。

3. 病假：

3.1 员工因病无法上班，请病假在三日内的享受带薪病假，超出三日的天数按实际超出数扣除年假天数，病假扣除年假后超出的病假期间停发任何工资补贴，超出两个月的按辞职处理。

3.2 员工请病假的须于看病当日内向行政办提供镇级以上医院相关证明，否则按旷工计算。

4. 产假：

4.1 所在单位对怀孕七个月以上（含七个月）的女员工，应当根据具体情况在劳动时间内适当安排休息时间。

4.2 女职工生育享受98天产假，其中产前可以休假15天；难产的，增加产假15天；生育多胞胎的，每多生育1个婴儿，增加产假15天。女职工怀孕未满4个月流产的，享受15天产假；怀孕满4个月流产的，享受42天产假。

4.3 在女员工按规定享受产假期间，按月基本工资100%发放。

5. 年休假：

员工在企业每年享受带薪年休假（以下简称年休假）。员工在年休假期间月工资100%发放，规定如下：

5.1 员工不满一年，年休假五天。

5.2 员工累计工作一年以上两年以下，年休假十天。

5.3 员工累计工作满两年的，年休假15天。

5.4 单位根据工作具体情况，并考虑员工本人意愿，统筹安排员工年休假。年休假在一个年度内可以集中安排，也可以分段安排，不得跨年度安排。对员工应休未休的年休假天数，单位应当按照该员工日工资基数的100%补贴年休假工资报酬。

6. 超出年休假外的特殊事假：

6.1 员工请特殊事假，可以用年休假代替特殊事假，超出天数按特殊事假计算。

6.2 员工特殊事假的工资数额计算方式：月工资总额÷30×特殊事假天数。

6.3 如员工在年休假休满后，确有个人事宜需请假在0.5个工作日内的，可享有每月一次的带薪事假。

第七条 请、休假程序

1. 请假员工应提前一天履行请假手续，部门员工请假在各部门主管处领取请假条，并当面详细填写请假申请单并按批准权限报批。

2. 请假条经相关领导批准签字程序后由本人亲自至办公室用请假条换取出入证，同时必须将审批生效的请假申请单交行政办公室留档备查，手续不完善者以旷工计。

3. 年休假、产假的员工，应按审批权限要求提前三天提出并通过申请，批准后做好相应工作交接。

4. 病假、工伤假及特殊原因需延长假期不能事先履行请假手续者，须于请假当天用电话征得批假人及行政办公室同意，并在回企业后一个工作日内补办请假手续，未及时补办请假手续的按旷工处理。

5. 假期完毕，休假员工须于上班当日到行政办公室销假报到，因个人原因造成延误的，延误期间以旷工计。

第八条 审批权限

1. 员工请假假期在一日内的，由部门负责人事前书面批准。

2. 员工请假假期在一日以上的，由部门负责人及副总经理、总经理事前书面批准。

第九条 请、休假管理

1. 请假天数最短为0.5天。

2. 事后补办请假者，每一个自然年内，不得超过两次，违者视为旷工。

3. 各部门应根据工作安排情况审批员工的请假申请，凡请假理由不充分或影响工作安排时，各部门可视实际情况缩短、改期给假或不予给假。

4. 每月第一个工作日，各部门负责人汇总本部门员工请假情况，并填制请假汇总表，报行政办公室，行政办公室负责核实统计请假情况。

5. 未经事前书面批准私自休假者，除病假、工伤假及特殊情况外，一律视为旷工，旷工按全额日工资的300%处罚。

第十条　奖励休假管理

除上述休假外，经企业总经理特批的员工可以享受奖励休假，具体休假时间由企业根据实际情况予以安排。

第十一条　附　　则

1. 本制度自20××年×月发布之日起生效。

2. 原企业相关规章制度，与本制度内有关内容发生冲突的，自动失效。

3. 本制度解释权由企业行政办公室负责。

第3章 熟悉个人所得税

缴纳个人所得税是每个应税公民的责任与义务，同时，HR 的日常工作也离不开对个人所得税的核算。在竞争日益激烈的时代，对 HR 的综合能力要求越来越高，熟悉个人所得税也能增加 HR 的财务知识储备。

3.1 知晓个人所得税征收办法

个人所得税是调整征税机关与自然人（居民、非居民人）之间在个人所得税的征纳与管理过程中所发生的社会关系的法律规范的总称，简称个税。作为 HR，只有了解个人所得税的相关征收办法才能更好地解决日常工作中的个人所得税问题。

3.1.1 个人所得税法概述

在我国，《中华人民共和国个人所得税法》（以下简称《个人所得税法》）是处理一切个人所得税相关事务的法律依据，涵盖了个人所得税相关的方方面面，也是了解个人所得税最直接的途径之一。通过《个人所得税法》可以了解个人所得税相关的基本概念，为后续工作做好铺垫。

（1）纳税人与扣缴义务人

根据《个人所得税法》第九条规定："个人所得税以所得人为纳税人，以支付所得的单位或个人为扣缴义务人。纳税人有中国公民身份号码的，以中国公民身份号码为纳税人识别号；纳税人没有中国公民身份号码的，由税务机关赋予其纳税人识别号。扣缴义务人扣缴税款时，纳税人应当向扣缴义务人提供纳税人识别号。"

（2）居民纳税人与非居民纳税人

通常将个人所得税纳税人分为居民纳税人与非居民纳税人，见表 3-1。

表 3-1　居民纳税人与非居民纳税人

分　类	具体阐述
居民纳税人	居民纳税人需满足以下条件之一： ①在中国境内有住所的个人； ②在中国境内无住所，但一个纳税年度内在中国境内累计居住天数≥183 天的个人
非居民纳税人	非居民纳税人需满足以下条件之一： ①在中国境内无住所且一个纳税年度内在中国境内累计居住天数＜183 天的个人； ②在中国境内无住所又不居住的个人

居民纳税人需要就其从中国境内和境外取得的所得缴纳个人所得税，非居民纳税人需要就其在中国境内取得的所得缴纳个人所得税。此外，《中华人民共和国个人所得税法实施条例》（以下简称《个人所得税法实施条例》）第四条规定："在中国境内无住所的个人，在中国境内居住累计满 183 天的年度连续不满六年的，经向主管税务机关备案，其来源于中国境外且由境外单位或者个人支付的所得，免予缴纳个人所得税；在中国境内居住累计满 183 天的任一年度中有一次离境超过 30 天的，其在中国境内居住累计满 183 天的年度的连续年限重新起算。"

第五条规定："在中国境内无住所的个人，在一个纳税年度内在中国境内居住累计不超过 90 天的，其来源于中国境内的所得，由境外雇主支付并且不由该雇主在中国境内的机构、场所负担的部分，免予缴纳个人所得税。"

（3）个人所得税纳税年度

个人所得税纳税年度是指计算个人所得税的起讫日期，通常是公历 1 月 1 日起至 12 月 31 日止。

3.1.2　个人所得税的征税内容

从纳税人的定义可以看出，个人所得税主要是对个人取得的"所得"进行征收，那么具体包括哪些所得呢？主要包括以下九项：

(1) 工资、薪金所得

工资、薪金所得是指个人因任职或受雇而取得的工资、薪金、奖金、年终加薪、劳动分红、津贴、补贴,以及与任职或受雇有关的其他所得。需要注意的是,独生子女补贴、公务员薪资中未纳入基本工资的补贴、津贴、差旅费和误餐费无需征税。

(2) 劳务报酬所得

劳务报酬所得是指个人从事设计、装潢、安装、制图、化验、测试、医疗、法律、会计、咨询、讲学、新闻、广播、翻译、审稿、书画、雕刻、影视、录音、录像、演出、表演、广告、展览、技术服务、介绍服务、经纪服务、代办服务,以及其他劳务取得的所得。

劳务报酬所得与工资、薪资所得的区别以是否存在雇佣关系来判断,前者不存在雇佣关系而后者存在雇佣关系,如个人兼职所得等都属于劳务报酬。

(3) 稿酬所得

稿酬所得是指个人因其作品以图书、报刊等形式出版、发表而取得的所得。其中"作品"主要是指包括中外文字、图片和乐谱等能以图书、报刊方式出版、发表的作品;"个人作品"包括本人的著作、翻译的作品等。个人取得遗作稿酬,也应按稿酬所得项目计税。

不以图书、报刊形式出版、发表的翻译、审稿和书画等作品需要按"劳务报酬所得"计税。对于杂志社的编辑、记者来说,其发表的作品所得属于"工资薪金",出版专著则属于"稿酬所得",需要注意区分。

(4) 特许权使用费所得

特许权使用费所得是指个人提供专利权、著作权、商标权、非专利技术,以及其他特许权的使用权取得的所得。作者将自己的文字作品手稿原件或复印件公开拍卖(竞价)取得的所得、个人取得专利赔偿,以及编剧取得的"剧本使用费"都应按特许权使用费所得项目计税。

其中,提供著作权的使用权取得的所得,不包括稿酬所得。

(5) 经营所得

经营所得包括个体工商户的生产、经营所得和对企事业单位的承包经营、承租经营所得。其中个体工商户的生产、经营所得主要包括以下三项:

①城乡个体工商户从事工业、手工业、建筑业、交通运输业、商业、饮食

业、服务业、修理业及其他行业的生产、经营取得的所得。

②个人取得营业执照，依法从事办学、医疗、咨询，以及其他有偿服务活动取得的所得。

③其他个人从事个体工商业生产、经营取得的所得，包括个人临时从事生产、经营活动取得的所得。

对企事业单位的承包经营、承租经营所得主要是指个人承包经营、承租经营，以及转包、转租取得的所得，包括个人按月或者按次取得的工资、薪金性质的所得。

（6）利息、股息、红利所得

利息、股息、红利所得是指个人拥有债权、股权而取得的利息、股息、红利所得。其中，利息是指个人的存款利息、贷款利息和购买各种债券的利息；股息是指股票持有人根据股份制公司章程的规定，凭股票定期从股份公司取得的投资利益；红利是指企业根据应分配的超过股息部分的利润。

（7）财产租赁所得

财产租赁所得是指个人出租建筑物、土地使用权、机器设备、车船，以及其他财产取得的所得，其中财产包括动产和不动产。个人取得的财产转租收入也属于财产租赁所得。

（8）财产转让所得

财产转让所得是指个人转让有价证券、股权、建筑物、土地使用权、机器设备、车船，以及其他自有财产给他人或单位而取得的所得，包括转让不动产和动产取得的所得。对个人股票买卖取得的所得暂不征税。

需要区分的是限售股持有期间取得的利息、红利属于"利息、股息、红利"所得；转让限售股则属于"财产转让所得"。

（9）偶然所得

偶然所得是指个人取得的所得是非经常性的，属于各种机遇性所得，包括得奖、中奖、中彩，以及其他偶然性质的所得（含奖金、实物和有价证券）。

居民个人取得上述第（1）项至第（4）项的所得称为"综合所得"，按纳税年度合并计缴个人所得税；非居民个人取得第（1）项至第（4）项所得，按月或者按次分项计算个人所得税。除上述应税项目以外，其他所得应确定征税额的，由国务院财政部门确定。

3.1.3　区分起征点与免征额

起征点与免征额是两个不同的概念，在我国，对个人所得税的计缴采用的是免征额，但是这两个概念很容易被混淆。那么它们二者的区别到底是什么呢？

起征点是税法规定的对征税对象开始征税的最低界限，收入未达到起征点的不征税，收入超过起征点的，则对全部收入征税；免征额是在征税对象的总额中予以免征的数额，它是按照一定标准从征税对象总额中预先减除的数额，免征额部分不征税，只对超过免征额部分征税。

下面通过一个案例来了解一下二者的区别。

实例分析 起征点与免征额的区别

某企业员工王某、陈某2月工资分别为4 800.00元和5 200.00元，不考虑其他扣除项，假设二人个人所得税税率都采取七级超额累进税率，且税率为3%，起征点或免征额为5 000.00元，则王某、陈某应缴纳个人所得税的情况如下：

① 若计缴个人所得税采用的是起征点。

王某当月薪资为4 800.00元，没有达到起征点不需要缴纳个人所得税；陈某当月薪资为5 200.00元，超过了5 000.00元，且需要征税，即需要缴纳156.00元（5 200.00×3%）。

② 若计缴个人所得税采用的是免征额。

王某当月薪资为4 800.00元，低于免征额，也无需缴纳个人所得税；陈某当月薪资超过了免征额，则需要对超过部分200.00元（5 200.00-5 000.00）进行征税，即为6.00元（200.00×3%）。

从上述案例可以看出，采用起征点还是免征额，对低于起征点或免征额的人来说没有什么影响，但是对超过了起征点或免征额的人来说需要缴纳的税款差额较大，特别是采用起征点，需要缴纳的税款更多，因此我国采用的是免征额。

3.2 代扣代缴个人所得税

一般情况下，员工的个人所得税都是由企业代扣代缴的，HR必须要了解个人所得税的税率标准及计算方法。

3.2.1 个人所得税税率标准

个人所得税税率主要有三大类，具体如下：

（1）综合所得

综合所得主要包括工资薪金所得、劳务报酬所得、稿酬所得和特许使用权所得，我国对综合所得采用的是七级超额累进税率。超额累进税率是指把同一计税基数划分为相应的等级，适用各等级的税率分别计算税额，各等级税额之和才是应纳税额。具体税率标准见表3-2。

表3-2 综合所得适用的个人所得税税率表

级　数	全年应纳税所得额	税率（%）	速算扣除数
1	不超过36 000.00元的	3	0
2	超过36 000.00元至144 000.00元的部分	10	2 520.00
3	超过144 000.00元至300 000.00元的部分	20	16 920.00
4	超过300 000.00元至420 000.00元的部分	25	31 920.00
5	超过420 000.00元至660 000.00元的部分	30	52 920.00
6	超过660 000.00元至960 000.00元的部分	35	85 920.00
7	超过960 000.00元的部分	45	181 920.00

《个人所得税法》第六条规定："应纳税所得额的计算:（一）居民个人的综合所得，以每一纳税年度的收入额减除费用六万元以及专项扣除、专项附加扣除和依法确定的其他扣除后的余额，为应纳税所得额。（二）非居民个

人的工资、薪金所得，以每月收入额减除费用五千元后的余额为应纳税所得额；劳务报酬所得、稿酬所得、特许权使用费所得，以每次收入额为应纳税所得额……"

第十一条规定："居民个人取得综合所得，按年计算个人所得税；有扣缴义务人的，由扣缴义务人按月或者按次预扣预缴税款……"

一般来说，员工的工资、薪金是按月计发的，可将表3-2换算为按月的税率标准，见表3-3。

表3-3 工资、薪金所得适用的个人所得税税率

级 数	全月应纳税所得额	税率（%）	速算扣除数
1	不超过3 000.00元的	3	0
2	超过3 000.00元至12 000.00元的部分	10	210.00
3	超过12 000.00元至25 000.00元的部分	20	1 410.00
4	超过25 000.00元至35 000.00元的部分	25	2 660.00
5	超过35 000.00元至55 000.00元的部分	30	4 410.00
6	超过55 000.00元至80 000.00元的部分	35	7 160.00
7	超过80 000.00元的部分	45	15 160.00

需要注意的是，由于超额累进税率是把全部应纳税所得额分成若干等级，每个等级分别按相应的税率计征，其计算比较复杂。为了简化计算流程就有了速算扣除数。速算扣除数是预先计算出来的一个数据，其计算公式为：

本级速算扣除数 = 上一级最高应纳税所得额 ×（本级税率 - 上一级税率）+ 上一级速算扣除数

（2）经营所得

对经营所得采用的也是超额累进税率，具体税率见表3-4。

表 3-4　经营所得适用的个人所得税税率

级　数	全年应纳税所得额	税率（%）
1	不超过 30 000.00 元的	5
2	超过 30 000.00 元至 90 000.00 元的部分	10
3	超过 90 000.00 元至 300 000.00 元的部分	20
4	超过 300 000.00 元至 500 000.00 元的部分	30
5	超过 500 000.00 元的部分	35

表 3-4 所述的全年应纳税所得额是以每一纳税年度的收入总额减除成本、费用，以及损失后的余额。

其中，成本、费用是指生产、经营活动中发生的各项直接支出和分配计入成本的间接费用，以及销售费用、管理费用和财务费用。

损失是指生产、经营活动中发生的固定资产和存货的盘亏、毁损、报废损失，转让财产损失，坏账损失，自然灾害等不可抗力因素造成的损失，以及其他损失。

（3）个人的利息、股息、红利所得，财产租赁所得，财产转让所得，偶然所得

对个人的利息、股息、红利所得，财产租赁所得，财产转让所得，偶然所得和其他所得采取的是比例税率，按次计算征收个人所得税，适用税率为 20%。

3.2.2　个人所得税扣除项目有哪些

个人所得税扣除项目包括专项扣除和专项附加扣除。专项扣除指个人缴纳的基本养老保险、基本医疗保险和失业保险；专项附加扣除涉及子女教育、继续教育、大病医疗、住房贷款利息、住房租金、赡养老人及三岁以下婴幼儿照护这七项扣除内容，具体如下所述：

（1）子女教育专项附加扣除

纳税人的子女接受全日制学历教育的相关支出，按照每个子女每月 2 000.00 元的标准定额扣除。

其中，学历教育包括义务教育（小学、初中教育）、高中阶段教育（普通高中、中等职业、技工教育）、高等教育（大学专科、大学本科、硕士研究生、博士研究生教育）。年满三岁至小学入学前处于学前教育阶段的子女，也按照此规定执行。

父母可以选择由其中一方按扣除标准的100%扣除，也可以选择由双方分别按扣除标准的50%扣除，具体扣除方式在一个纳税年度内不能变更。

纳税人子女在中国境外接受教育的，纳税人应当留存境外学校录取通知书、留学签证等相关教育的证明资料备查。

（2）继续教育专项附加扣除

纳税人在中国境内接受学历（学位）继续教育的支出，在学历（学位）教育期间按照每月400.00元定额扣除。同一学历（学位）继续教育的扣除期限不能超过48个月。纳税人接受技能人员职业资格继续教育、专业技术人员职业资格继续教育的支出，在取得相关证书的当年，按照3 600.00元定额扣除。

若个人接受本科及以下学历（学位）继续教育，符合规定扣除条件的，可以选择由其父母扣除，也可以选择由本人扣除。同时，纳税人在接受技能人员职业资格继续教育、专业技术人员职业资格继续教育时，也应当留存相关证书等资料备查。

（3）大病医疗专项附加扣除

在一个纳税年度内，纳税人发生的与基本医保相关的医药费用支出，扣除医保报销后个人负担（指医保目录范围内的自付部分）累计超过15 000.00元的部分，由纳税人在办理年度汇算清缴时在80 000.00元限额内据实扣除。

纳税人发生的医药费用支出可以选择由本人或者其配偶扣除；未成年子女发生的医药费用支出可以选择由其父母一方扣除。纳税人及其配偶、未成年子女发生的医药费用支出也按照上述规定扣除。

（4）住房贷款利息专项附加扣除

纳税人本人或配偶单独或共同使用商业银行或住房公积金个人住房贷款为本人或其配偶购买中国境内住房，发生的首套住房贷款利息支出，在实际发生贷款利息的年度，按照每月1 000.00元的标准定额扣除，扣除期限最长不超过240个月。

其中，首套住房是指购买住房享受首套住房贷款利率的住房贷款。纳税人只能享受一次首套住房贷款的利息扣除。经夫妻双方约定，可以选择由其中一方扣除，具体扣除方式在一个纳税年度内不能变更。

夫妻双方婚前若分别购买住房发生的首套住房贷款，其贷款利息支出，婚后可以选择其中一套购买的住房，由购买方按扣除标准的100%扣除；也可以由夫妻双方对各自购买的住房分别按扣除标准的50%扣除，具体扣除方式在一个纳税年度内不能变更。

（5）住房租金专项附加扣除

住房租金专项附加扣除主要是针对纳税人在主要工作城市没有自有住房而发生的住房租金支出，其扣除要点见表3-5。

表3-5 住房租金扣除要点

扣除要点	具体阐述
扣除范围及扣除标准	①直辖市、省会（首府）城市、计划单列市，以及国务院确定的城市，按1 500.00元/月标准扣除。 ②除第①项所列城市外，市辖区户籍人口>100万的城市，按1 100.00元/月的标准扣除。 ③市辖区户籍人口≤100万的城市，按800.00元/月的标准扣除
扣除主体	①签订租赁合同的承租人。 ②夫妻双方主要工作城市相同的只能由一方（即承租人）扣除。 ③夫妻双方主要工作城市不同，且各自在其主要工作城市都没有住房的，则分别扣除。 ④纳税人的配偶在纳税人主要工作城市有自有住房的，视同纳税人在主要工作城市有自有住房
注意事项	①纳税人及其配偶在一个纳税年度内不能同时分别享受住房贷款利息和住房租金专项附加扣除。 ②纳税人应当留存住房租赁合同、协议等有关资料备查

（6）赡养老人专项附加扣除

纳税人赡养一位及以上被赡养人的赡养支出，统一按照以下标准定额扣除，见表3-6。

表 3-6　赡养老人专项附加扣除标准

扣除情形	扣除标准
纳税人为独生子女	按照每月 3 000.00 元的标准定额扣除
纳税人为非独生子女	由其与兄弟姐妹分摊每月 3 000.00 元的扣除额度，每人分摊的额度不能超过每月 1 500.00 元。可以由赡养人均摊或者约定分摊，也可以由被赡养人指定分摊。约定或者指定分摊的须签订书面分摊协议，指定分摊优先于约定分摊，具体分摊方式和额度在一个纳税年度内不能变更

注意，上述被赡养人是指年满 60 岁（含）的父母，以及子女均已去世的年满 60 岁的祖父母、外祖父母。

（7）三岁以下婴幼儿照护

纳税人照护三岁以下婴幼儿子女的相关支出，按照每名婴幼儿每月 2 000.00 元标准定额扣除。扣除方式可以选择由夫妻一方按照扣除标准的 100% 扣除，也可以选择由夫妻双方分别按照扣除标准的 50% 扣除。

3.2.3　如何计算个人所得税应纳税额

前述我们已经了解了个人所得税的税率标准，以及扣除项目，那么个人所得税额具体应该怎样计算呢？

（1）居民个人综合所得应纳税额

居民个人的综合所得应纳税额根据应纳税所得额与适用税率计算，其相关计算公式如下：

应纳税所得额 = 每一纳税年度的收入额 − 六万元 − 专项扣除 − 专项附加扣除 - 依法确定的其他扣除

应纳税额 = 应纳税所得额 × 适用税率 − 速算扣除数

根据《个人所得税法》的规定，纳税人的工资、薪金所得先以每月收入额减除费用 5 000.00 元，以及专项扣除和依法确定的其他扣除后的余额为应纳税所得额。其中，"专项扣除"是指"三险一金"，包括基本养老保险、基本医疗保险、失业保险和住房公积金。

还需要注意的是，综合所得里的劳务报酬所得、稿酬所得和特许权使用费所得收入额的确定方式与工资、薪金有所区别，具体如下所述：

①劳务报酬和特许权使用费每次收入 ≤ 4 000.00 元时，分别以各自收入减

除 800.00 元费用后的余额为收入额；每次收入＞4 000.00 元时，以各自收入减除 20% 费用后的余额为收入额。

②稿酬所得在每次收入≤4 000.00 元时，先减除费用 800.00 元，再减按 70% 计算收入额；在每次收入＞4 000.00 元时，先减除 20% 的费用，再减按 70% 计算收入额。

若是非居民个人的工资、薪金所得，其计算方式为以每月收入额减除费用 5 000.00 元后的余额为应纳税所得额；劳务报酬所得、稿酬所得、特许权使用费所得，以每次收入额为应纳税所得额。

（2）经营所得应纳税额

个人经营所得的应纳税额根据应纳税所得额和适用税率计算，其相关计算公式如下：

应纳税所得额＝全年收入总额－成本－费用－税金－损失－其他支出及以前年度亏损

应纳税额＝应纳税所得额×适用税率－速算扣除数

（3）利息、股息、红利所得应纳税额

利息、股息、红利所得是以每次收入额为应纳税所得额。

应纳税额＝应纳税所得额×适用税率＝每次收入额×适用税率

（4）财产租赁所得应纳税额

①每次（月）收入不超过 4 000.00 元

应纳税额＝［每次（月）收入额－财产租赁过程中缴纳的税费－由纳税人负担的租赁财产实际开支的修缮费用（800.00 元为限）－800.00］×20%

②每次（月）收入超过 4 000.00 元

应纳税额＝［每次（月）收入额－财产租赁过程中缴纳的税费－由纳税人负担的租赁财产实际开支的修缮费用（800.00 元为限）］×（1－20%）×20%

（5）财产转让所得应纳税额

财产转让所得是以转让财产的收入额减除财产原值和合理费用后的余额为应纳税所得额。

应纳税所得额＝收入总额－财产原值－合理费用

应纳税额＝应纳税所得额×20%

其中，合理费用是指卖出财产时按照规定支付的有关税费，而关于财产原值的确认方法如下所述：

①有价证券，为买入价以及买入时按照规定交纳的有关费用。

②建筑物，为建造费或者购进价格以及其他有关费用。

③土地使用权，为取得土地使用权所支付的金额、开发土地的费用，以及其他有关费用。

④机器设备、车船，为购进价格、运输费、安装费，以及其他有关费用。其他财产参照前款规定的方法确定财产原值。

⑤纳税人未提供完整、准确的财产原值凭证，不能按照规定确定财产原值的，由主管税务机关核定财产原值。

（6）偶然所得应纳税额

偶然所得也是以每次收入额为应纳税所得额。

应纳税额 = 应纳税所得额 × 适用税率 = 每次收入额 × 20%

除了上述几项应纳税额之外，个人所得税的计算还有一些针对特殊事项的规定，见表3-7。

表3-7 个人所得税应纳税额的特殊规定

特殊规定	具体阐述
全年一次性奖金	自2022年1月1日开始居民个人的全年一次性奖金收入应并入综合所得计税
股权激励	上市企业股权激励不并入当年综合所得，全额单独适用综合所得适用税率表。 应纳税额 = 股权激励收入 × 适用税率 - 速算扣除数
提前退休一次性补贴	按办理提前退休手续至离法定退休年龄之间的实际年数平均分摊来确定税率和速算扣除数。 应纳税额 =〔（一次性补贴收入 ÷ 办理提前退休手续至法定退休年龄的实际年度数 - 费用扣除标准）× 适用税率 - 速算扣除数〕× 办理提前退休手续至法定退休年龄的实际年度数
单位低价向职工售房	职工实际支付的低于该房屋的购置或建造成本价之间的差额价款，不并入当年综合所得，以差价收入除以12个月得到的数额，按照月度税率表确定适用税率及速算扣除数，单独计税。 应纳税额 = 职工实际支付的购房价款低于该房屋的购置或建造成本价格的差额 × 适用税率 - 速算扣除数

下面通过一个案例来看看如何计算个人所得税。

实例分析 个人所得税应纳税额的计算

某企业员工何某、陈某、张某上月工资分别为 5 000.00 元、9 000.00 元和 12 000.00 元。其中，陈某、张某的"三险一金"分别为 1 500.00 元、2 000.00 元；陈某有一子女正在上小学，张某为独生子女且父母已经 60 多岁，则他们三人当月个人所得税的计缴情况如下：

① 由于何某上月工资为 5 000.00 元，刚好达到免征额，故不用缴纳个人所得税。

② 陈某当月工资为 9 000.00 元，超过免征额 3 000.00 元，其三险一金为 1 500.00 元，同时有一子女正在上小学，可扣除子女教育附加 2 000.00 元。根据个人所得税扣除标准，其当月个人所得税应纳税额如下：

应纳税所得额 =9 000.00−5 000.00−1 500.00−2 000.00=500.00（元）

应纳税额 =500.00×3%=15.00（元）

③ 张某当月工资为 12 000.00 元，超过免征额 7 000.00 元，其"三险一金"为 2 000.00 元，张某为独生子女且父母已经 60 多岁，可扣除赡养老人专项附加 3 000.00 元。根据个人所得税扣除标准，则其当月个人所得税应纳税额如下：

应纳税所得额 =12 000.00−5 000.00−2 000.00−3 000.00=2 000.00（元）

应纳税额 =2 000.00×3%=60.00（元）

3.2.4　代扣代缴个人所得税的流程

HR 需要知道，为了正确记录和反映个人所得税的代扣代缴情况，财务人员一般通过"应交税费——应交个人所得税"会计科目进行核算，其会计分录如下：

① 发放工资，代扣个人所得税时

借：应付职工薪酬

　　贷：应交税费——应交个人所得税

② 代缴个人所得税时

借：应交税费——应交个人所得税

　　贷：银行存款

以下是企业代扣代缴员工个人所得税的流程：

第一步：核算税金。企业会计人员在发放工资前，核算应该发给员工的薪酬和需要缴纳的税金。

第二步：进行申报。月初时根据需缴纳的税金在当地的税务局官网上进行综合申报。

第三步：到银行缴款。完成综合申报后，打印缴款书，并到银行进行缴款。

第四步：做明细申报表。缴纳完成后，需要做个人所得税的明细申报表。

第五步：进行核对。检查个人所得税明细表是否申报成功，核算总金额与缴款金额是否相符。

3.3 个人所得税优惠政策与汇算清缴

个人所得税优惠是个人所得税处理的重要内容，关乎着个人所得税的计缴，HR 需要了解常见的税收优惠。此外，还有一些纳税人是需要进行个人所得税汇算清缴的，HR 也需要清楚汇算清缴的相关规定。

3.3.1 及时掌握个人所得税优惠政策

个人所得税常见的优惠政策包括免征与减征两类，如下所述：

（1）免征个人所得税的项目

根据《个人所得税法》第四条规定："下列各项个人所得，免征个人所得税：

（一）省级人民政府、国务院部委和中国人民解放军军以上单位，以及外国组织、国际组织颁发的科学、教育、技术、文化、卫生、体育、环境保护等方面的奖金；

（二）国债和国家发行的金融债券利息；

（三）按照国家统一规定发放的补贴、津贴；

（四）福利费、抚恤金、救济金；

（五）保险赔款；

（六）军人的转业费、复员费、退役金；

（七）按照国家统一规定发给干部、职工的安家费、退职费、基本养老金或者退休费、离休费、离休生活补助费；

（八）依照有关法律规定应予免税的各国驻华使馆、领事馆的外交代表、领事官员和其他人员的所得；

（九）中国政府参加的国际公约、签订的协议中规定免税的所得；

（十）国务院规定的其他免税所得。

前款第十项免税规定，由国务院报全国人民代表大会常务委员会备案。"

（2）减征个人所得税的项目

根据《个人所得税法》第五条规定："有下列情形之一的，可以减征个人所得税，具体幅度和期限，由省、自治区、直辖市人民政府规定，并报同级人民代表大会常务委员会备案：

（一）残疾、孤老人员和烈属的所得；

（二）因自然灾害遭受重大损失的。

国务院可以规定其他减税情形，报全国人民代表大会常务委员会备案。"

除了免征与减征两类情况外，还有一些是暂时免征个人所得税的项目。根据财政部 国家税务总局《关于个人所得税若干政策问题的通知》规定，下列所得，暂免征收个人所得税：

"（一）外籍个人以非现金形式或实报实销形式取得的住房补贴、伙食补贴、搬迁费、洗衣费。

（二）外籍个人按合理标准取得的境内、外出差补贴。

（三）外籍个人取得的探亲费、语言训练费、子女教育费等，经当地税务机关审核批准为合理的部分。

（四）个人举报、协查各种违法、犯罪行为而获得的奖金。

（五）个人办理代扣代缴税款手续，按规定取得的扣缴手续费。

（六）个人转让自用达五年以上、并且是唯一的家庭生活用房取得的所得。

（七）对按国发〔1983〕141号《国务院关于高级专家离休退休若干问题的暂行规定》和国办发〔1991〕40号《国务院办公厅关于杰出高级专家暂缓离退休审批问题的通知》精神，达到离休、退休年龄，但确因工作需要，适当延长离休退休年龄的高级专家（指享受国家发放的政府特殊津贴的专家、学者），其在延长离休退休期间的工资、薪金所得，视同退休工资、离休工资免征个人所得税。

（八）外籍个人从外商投资企业取得的股息、红利所得。

（九）凡符合下列条件之一的外籍专家取得的工资、薪金所得可免征个人所得税：

1. 根据世界银行专项贷款协议由世界银行直接派往我国工作的外国专家；

2. 联合国组织直接派往我国工作的专家；

3. 为联合国援助项目来华工作的专家；

4. 援助国派往我国专为该国无偿援助项目工作的专家；

5. 根据两国政府签订文化交流项目来华工作两年以内的文教专家，其工资、薪金所得由该国负担的；

6. 根据我国大专院校国际交流项目来华工作两年以内的文教专家，其工资、薪金所得由该国负担的；

7. 通过民间科研协定来华工作的专家，其工资、薪金所得由该国政府机构负担的。"

3.3.2　了解汇算清缴的相关规定

汇算清缴是指所得税和某些其他实行预缴税款办法的税种，在年度终了后的税款汇总结算清缴工作。年度汇算主要是对纳税人的综合所得进行汇算，减除费用六万元及专项扣除、专项附加扣除、依法确定的其他扣除和符合条件的捐赠之后，适用综合所得个人所得税税率并减去速算扣除数，计算本年度最终应纳税额，再减去上年度已预缴税额，得出应退或应补税额，向税务机关申报并办理退税或补税。具体计算公式为：

应退或应补税额 =〔(综合所得收入额 - 六万元 - "三险一金"等专项扣除 - 专项附加扣除 - 依法确定的其他扣除 - 符合条件的捐赠支出)× 适用税率 - 速算扣除数〕- 上年已预缴税额

下面来看一个案例。

依据我国税法规定，年度汇算不涉及财产租赁等分类所得，以及纳税人按规定选择不并入综合所得计算纳税的全年一次性奖金等所得。《个人所得税法》第十条规定："有下列情形之一的，纳税人应当依法办理纳税申报：

（一）取得综合所得需要办理汇算清缴；

（二）取得应税所得没有扣缴义务人；

（三）取得应税所得，扣缴义务人未扣缴税款；

（四）取得境外所得；

（五）因移居境外注销中国户籍；

（六）非居民个人在中国境内从两处以上取得工资、薪金所得；

（七）国务院规定的其他情形。"

扣缴义务人应当按照国家规定办理全员全额扣缴申报，并向纳税人提供其个人所得和已扣缴税款等信息。"

根据《个人所得税法实施条例》第二十五条规定："取得综合所得需要办理汇算清缴的情形包括：

（一）从两处以上取得综合所得，且综合所得年收入额减除专项扣除的余额超过6万元；

（二）取得劳务报酬所得、稿酬所得、特许权使用费所得中一项或者多项所得，且综合所得年收入额减除专项扣除的余额超过6万元；

（三）纳税年度内预缴税额低于应纳税额；

（四）纳税人申请退税。

纳税人申请退税，应当提供其在中国境内开设的银行账户，并在汇算清缴地就地办理税款退库。汇算清缴的具体办法由国务院税务主管部门制定。"

那么哪些情况下可以免于办理个人所得税汇算清缴呢？《国家税务总局关于办理2023年度个人所得税综合所得汇算清缴事项的公告》（国家税务总局公告2024年第2号）规定无需办理个人所得税综合所得汇算清缴的情形："纳税人在2023年已依法预缴个人所得税且符合下列情形之一的，无需办理汇算：

（一）汇算需补税但综合所得收入全年不超过12万元的；

（二）汇算需补税金额不超过400元的；

（三）已预缴税额与汇算应纳税额一致的；

（四）符合汇算退税条件但不申请退税的。"

汇算清缴办理渠道主要有自行办理、受雇单位代办理以及委托涉税专业服务机构或其他单位及个人代办理三种方式。纳税人自行办理或受托人为纳税人代为办理年度汇算清缴的，可向纳税人任职受雇单位的主管税务机关申报，有两处以上任职受雇单位的，可自主选择向其中一处申报。

纳税人没有任职受雇单位的，向其户籍所在地、经常居住地或者主要收入来源地的主管税务机关申报。主要收入来源地是指纳税人纳税年度内取得的劳务报酬、稿酬及特许权使用费三项所得累计收入最大的扣缴义务人所在地。

下面来看一个案例，了解个人所得税汇算清缴的计算过程。

实例分析 个人所得税汇算清缴计算

A企业员工李某2024年每月薪资为8 000.00元，即全年工资为96 000.00元。同时李某还额外取得一次劳务报酬4 000.00元，每月社保、住房公积金等专项扣除为600.00元，即全年为7 200.00元，则李某2024年全年应缴纳个人所得税如下：

A 企业为李某代扣代缴的全年个人所得税 =（8 000.00−5 000.00−600.00）×3%×12=864.00（元）

李某全年取得劳务报酬应代扣代缴的个人所得税 =（4 000.00−800.00）×10%−210.00=110.00（元）

2025 年汇算清缴时计算的李某全年个人所得税应纳税额 =［96 000.00−60 000.00−7 200.00+（4 000.00−800.00）］×3%=960.00（元）

汇算清缴后，李某应退或应补税额 =960.00−（864.00+110.00）=−14.00（元）

由于计算所得为负数，可见李某上年已预缴税额超出了实际应纳税额，应退税额为 14.00 元。

第4章

做好人力资源预算与成本管理

企业在进行各项活动前需要先做好预算,在开展业务的过程中也需要控制好成本,而在企业预算与成本管理中,人力资源预算与成本管理又是非常重要的组成部分,HR应了解如何制定更合理的人力成本预算,以及如何更好地控制人力成本,使企业在人力资源管理活动中实现资金利用最大化。

4.1 科学规划人力资源预算

人力资源预算是企业财务预算的重要组成部分,通过预算可以了解企业当前的经营情况和盈利水平,使得企业的资源分配更合理。

4.1.1 人力资源预算的内容

人力资源预算是人力资源部门根据企业发展战略结合上一年度的人员及薪资情况,对下一年度人员需求及成本费用作出的预测,并使之成为下一年度企业人力资源管理活动的指南。

人力资源预算包含的内容比较多,每个企业的情况不同,涉及的费用也有区别,总体来说可以分为以下六类:

①工资:如基本工资、加班工资、奖金、津贴及各类补贴等。工资预算是对企业未来年度需要向员工支付工资的多少所做的预算,在人力成本预算中,最主要的就是员工薪酬成本预算。预算时要考虑到员工的工资通常计入"应付职工薪酬"科目,但若是管理人员的工资,则需要计入管理费用。

②福利与保险费:如过节费、工作餐、社会保险与医疗保险等,通常计入"应付职工薪酬——职工福利"科目。

③员工招聘：如发布广告、传单、资料费、推荐奖励和人才测评费等，通常计入企业的管理费用。

④员工培训：包括内部培训和外部培训，如场地费、讲师薪资和资料费等，通常通过"应付职工薪酬——职工教育费经费"科目核算。

⑤劳动关系：如员工离职补偿、法律咨询费和员工体检费等，一般通过"应付职工薪酬"科目核算。

⑥其他：如办公用品与设备、文化宣传和市场调研费等，通常也通过"管理费用"科目核算。

> **拓展贴士** 什么是期间费用
>
> 　　管理费用属于期间费用，在发生的当期就计入当期损失或是利益。期间费用是企业日常经营活动中发生的不能计入特定核算对象的成本，而应计入当期损益的费用，它是企业发生的经济利益的流出。之所以不计入特定的成本核算对象，主要是因为期间费用是企业为组织和管理整个经营活动所发生的费用，与可以确定的特定成本核算对象的材料采购、产成品生产等没有直接关系。期间费用包含以下两种情况：
> 　　①企业发生的支出不产生经济利益，或者即使产生经济利益但不符合或者不再符合资产确认条件的，应当在发生时确认为费用，计入当期损益。
> 　　②企业发生的交易或者事项导致其承担了一项负债，而又不确认为一项资产的，也应当在发生时确认为费用并计入当期损益。

4.1.2　人力资源预算的编制流程

人力资源预算的编制过程总体上可以分为收集预算信息、编制预算、审核预算内容及预算执行调整四个阶段，如图4-1所示。

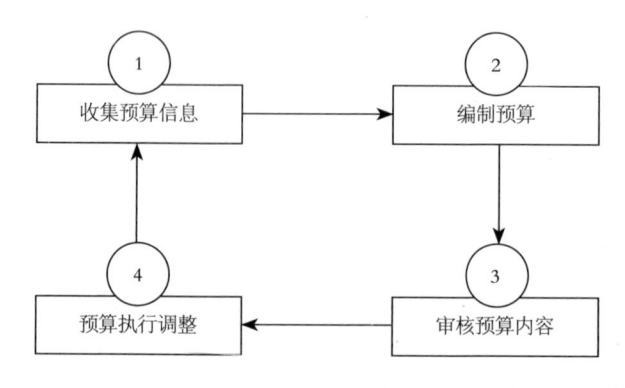

图4-1　预算编制流程

（1）收集预算信息

编制人力资源预算前的信息收集和数据分析是一项重要的准备工作，信息和数据分析会直接影响人力资源预算编制的科学性。人力资源部门在收集信息和分析数据时应重点考虑以下内容，见表4-1。

表 4-1 收集预算信息时应重点考虑的内容

考虑内容	具体阐述
历史人力成本数据	企业以前年度的人力成本数据是编制人力资源预算的一个重要参考，企业可以通过对历史人力成本数据的分析发现变化趋势，对未来的人力成本预算作出相应的预测和判断
企业发展战略	人力资源工作最终是为了达到企业的战略目标，因此人力资源预算要以企业发展战略为导向，结合战略重点进行预算分配与控制，在控制成本方面为企业发展作出贡献
人力资源规划	人力资源规划是人力资源预算的依据，人力资源规划中关于企业人员的数量、招聘选拔、培训开发以及薪酬福利调整等相关内容，会直接影响人力资源预算的编制
企业经营情况	包括企业经营现状、人力成本所占比重，以及企业支付能力等，这些情况有助于预测企业下一年度的经营状况

（2）编制预算

人力资源预算编制的方法有很多种，每种预算方法各有特点，企业可以结合自身业务特点选择适合的方法，常用的有增量预算法和零基预算法等，这在后续小节会进行详细介绍。

在确定了预算编制方法之后，就需要确定人力资源预算的总额了。人力资源部门在确定人力资源预算总额时可以采用"上下结合"的方式，"上下结合"包含两方面的含义。

①人力资源部门可以结合下一年度人力资源规划的各项工作，尤其是人员需求预测和薪酬福利，确定初步的人力资源预算总额。

②人力资源部门也应提供相应的预算模板，下发到其他部门，由其他部门根据要求分别填写对应的年度人力资源预算费用，再将各部门的人力资源预算进行汇总，与人力资源部的总额预算做对比，找出之间的差距并分析原因，再进行适当调整，确定最终人力资源预算总额。

在人力资源工作实践中，通常会将企业人力资源预算费用总额控制在企业总成本的一定比例，或者将人力资源预算与企业利润、收入结合起来，建立相应的浮动机制，使得人力资源预算与业务更具匹配性。年度人力资源预算总额确定后，还需要进行横向分配和纵向分配。

横向分配：指预算总额需要在各个部门之间进行分配，根据各部门下一年度的工作任务或项目进行分配。一般在进行总额预算时由各部门事先提出申请，人力资源部门及相关领导进行审批和调整。

纵向分配：指年度预算需要具体分配到各个季度或月份。由于企业经营活动和财务结算周期的差异性，因此在每个时段的支出也有所不同。预算费用的分配要以实际任务和项目为导向，通过人力资源费用的纵向分配，对每一阶段的费用支出情况进行有效把控，及时发现问题，提升人力资源预算效率。

（3）审核预算内容

预算草案编制完成后需要进行必要的审核，以发现可能存在的问题。人力资源预算审核可从预算的合理性与可控性入手。

预算的合理性重点考虑以下四方面：
①该事项是否有开支依据，是否是有必要的。
②如果取消该事项开支，对业务的影响程度是怎样的。
③是否还有其他影响此事项开支的因素，如缩减规模、期间开支增加等。
④将该事项的开支与过去的开支情况进行比较，检查大幅度增加或减少的原因。也可以收集行业标准等外部数据与本企业的预测进行对比。

预算的可控性主要考虑此事项开支是固定的还是可变的，如果是可变开支，它是否会随某些确定因素而波动，或者随业务需要出现变化。

（4）预算执行调整

预算的编制并不是一劳永逸的，还需要及时进行跟踪监测。人力资源部门要针对预算分配后的执行情况进行定期跟踪，检查各部门在各个时点的费用支出与预算情况是否相符，找出出现异常的原因，督促和提醒各部门按预算执行。同时，由于人力资源预算的编制是一项常规性和周期性的工作，在预算编制和执行过程中要做好相应的信息记录，总结当期人力资源预算编制的优势和不足，为下一阶段的人力资源预算编制做准备。

为了保证人力资源预算工作的顺序进行，HR还需要做好保障措施，见表4-2。

表 4-2　人力资源预算保障措施

保障措施	具体阐述
人员安排	人力资源预算的编制、执行和监督都必须由相应的人员负责，否则人力资源预算就成为一纸空文，没有什么实际意义。单位可以成立预算编制小组来保障预算的编制、执行和监督
激励保障	人力资源预算执行完毕后，还需要对执行结果进行评估和测算，并对所有参与预算执行的单位和部门给予相应的激励措施。有了激励措施才能提高预算工作的积极性与效率。 激励政策需要提前制定，作为预算编制和执行的配套措施而存在。让各单位和部门在编制预算时就了解预算执行之后相应的奖惩措施，以确保预算的顺利编制与执行
其他保障	其他方面的保障包括高层领导的支持、各执行单位及相关职能部门的协助等，这些对人力资源预算的实施都有不可估量的作用

总而言之，人力资源预算对企业来说非常重要，不仅是控制成本，对企业人力资源活动也具有指导和控制作用，影响企业的人才发展战略，而人才发展战略最终会影响企业的可持续发展。因此，HR 需要给予高度重视，为人力资源预算的顺利编制和执行提供有利的环境。

4.1.3　增量预算法编制人力资源预算

增量预算法是指以基期成本费用为基础，结合预算期业务量水平及影响成本的有关因素的未来变动情况，通过调整原有费用项目来编制预算的一种方法。增量预算法是一种传统的预算方法，使用增量预算法主要有以下三项假设为前提：

①现有的业务活动是企业必需的。
②企业原有的各项开支都是合理的。
③增加费用预算是值得的。

在此前提下，可以使用增量预算法编制人力资源预算。下面通过一个案例来了解增量预算法的具体应用。

实例分析 基于增量预算法的人力资源预算规划

某企业人力资源部门 2024 年平均每月发生一项办公费为 500.00 元，2025 年预计每月需要发生两项办公费；2024 年全年人力资源部门发生管理费用 100.00 万元，其中培训费用 25.00 万元，2025 年全年预计发生管理费用 120.00 万元。以上

一年度的办公费及培训费为基础,可以得出该企业人力资源部门 2025 年办公费及培训费的预算如下:

2025 年人力资源部门预计办公费 =500.00×2×12=12 000.00（元）

2024 年度人力资源部门培训费用占管理费用比例 =［(25.00÷100.00)×100%］,2025 年预计全年发生管理费用 120.00 万元,则 2025 年该企业人力资源部门预计发生培训费为 30.00 万元（120.00×25%）。

从增量预算法的前提也可以看出来,增量预算法主要是以过去年度的历史数据为基础,假定过去的数据就是合理的,只对未来需要增减费用的项目在金额上进行调整。这种方法比较简单,但也存在不足,一味地参考以前的历史数据,不加分析地保留原有的成本费用项目,可能会使原来不合理的费用继续开支而得不到控制,从而造成浪费。

因此增量预算法比较适合以下两种情况,可以减少无效开支。
①经营活动变化比较大的企业。
②与收入成正比变动的成本费用支出。

4.1.4　零基预算法编制人力资源预算

零基预算法又称零底预算,是指在编制预算时均以零为基础,不考虑以往情况如何,从根本上分析每项预算是否有必要支出及支出数额的大小。与传统的增量预算法相比,两者的区别见表 4-3。

表 4-3　零基预算法与增量预算法的区别

区　别	增量预算法	零基预算法
编制基础不同	增量预算法的编制基础是以前年度预算的执行结果	零基预算的编制基础是零,本期的预算是根据本期经济活动的重要性及其可供分配的资金量来确定的
编制分析对象不同	增量预算法重点是对新增加的经济业务活动进行成本分析,对以前的性质相同的经济业务活动则不做分析,直接延续以前年度的情况	零基预算法是对所有的经济业务活动都以零为开始,重新进行预算
切入点不同	增量预算法主要以预算金额的多少为重点,着重从货币角度控制预算金额	零基预算法除了重视金额的多少外,还注重从经济业务活动的重要程度上来分配资金,更有利于资金的合理分配,可以减少一些不必要的支出

零基预算法的应用主要包括以下五个步骤：

第一步：提出预算目标。在编制预算之前，人力资源部门需要根据企业战略计划及经营目标，提出预算目标。

第二步：确定各部门预算目标。各部门根据企业的总目标及本部门的目标，以零为基础，确定本部门有哪些预算项目，并说明预算项目的性质、内容、用途、金额及开支的必要性等。

第三步：进行成本——效益分析。企业预算管理部门根据各部门提出的预算项目进行投入产出分析，将各个项目分为若干层次，按照重要性进行排序，并确定哪些是必要开支项目，哪些是可以适当调整的项目。

第四步：进行资金分配。根据预算项目的排序，对预算期内可动用的资金进行合理安排，按照轻重缓急的程度进行排序。

第五步：编制并执行预算。确定好资金分配方案后，对各部门的预算草案进行审核、汇总，编制正式预算并下达执行。

零基预算法有利于合理配置企业的资源，也有利于发挥全员参与预算编制的积极性，但是工作量大，成本也相对较高。在考虑科学编制预算时，也要注意控制成本。下面通过一个案例来说明零基预算法的应用。

实例分析 基于零基预算法的人力资源预算规划

某企业人力资源部门采用零基预算法编制 2024 年度的管理费用预算，根据企业经营目标和总体预算安排，2024 年度用于管理费用支出的预算为 150.00 万元，则应用零基预算法的编制步骤如下：

①提出管理费用预算方案，见表 4-4。

表 4-4　管理费用预算方案

项目	金额（万元）	预算方案
工资	100.00	管理人员 10 名，年人均工资 10.00 万元，全年工资 100.00 万元
办公费	1.00	管理人员 10 名，年办公费定额 1 000.00 元/人，全年办公费 1.00 万元
培训费	30.00	内部培训费 10.00 万元，外部培训费 20.00 万元，共计 30.00 万元
差旅费	20.00	管理人员 10 名，年人均差旅费 2.00 万元，全年差旅费 20.00 万元
招待费	12.00	每月招待费 1.00 万元，共计 12.00 万元
合计	163.00	—

②进行成本——效益分析。

人力资源部门通过成本——效益分析，认为工资和办公费是必要性开支，应保留原来的预算，而对培训费、差旅费和招待费可以进行适当调整，于是将培训费、差旅费和招待费按照以前年度对企业产生经济效益的重要程度来进行分配，见表4-5。

表4-5 培训费、差旅费、招待费的成本——效益分析表

项 目	前三年平均发生额（万元）	各年平均收益额（万元）	平均收益率	重要性程度
培训费	30.00	120.00	4	0.44
差旅费	30.00	90.00	3	0.33
招待费	15.00	30.00	2	0.22

表4-5中，平均收益率＝各年平均收益额÷前三年平均发生额

重要性程度＝各项费用平均收益率÷平均收益率合计数

注意，由于表格数据保留两位小数，导致重要性程度的三个数据相加之和不等于"1"，不影响对照知识点的理解。

③将预算期内可运用的资金150.00万元在各费用项目之间进行分配

其中工资和办公费这两项固定费用为100.00+1.00=101.00（万元），将剩余资金49.00万元（150.00-101.00）在培训费、差旅费和招待费之间进行分配，如下所示：

培训费分配资金＝49.00×0.44=21.56（万元）

差旅费分配资金＝49.00×0.33=16.17（万元）

招待费分配资金＝49.00×0.22=10.78（万元）

注意，这里的三项费用分配资金之和不等于49.00是因为重要性程度少了0.01，不影响对知识点的理解。

④确定好资金分配方案之后，编制管理费用预算表，见表4-6。

表 4-6　管理费用预算表

项　目	金额（万元）
工　资	100.00
办公费	1.00
培训费	21.56
差旅费	16.17
招待费	10.78
合　计	149.51

从表 4-6 中也可以看出，对于那些可以调整的项目，如培训费、差旅费等，按照其对企业经济效益的贡献程度来分配预算资金，最终预算结果为 149.51 万元，相对于一开始预算的 163.00 万元来说，为企业节省了一些成本。

4.1.5　人力资源预算编制常见问题

人力资源预算的编制是一项长期性、系统性的工作，但现实中难免会有很多不确定的影响因素导致预算执行有偏差。因此，想要做好预算，更好地管控成本，在编制预算时还要尽量避免以下问题：

（1）预算不合理

为了减少资金压力，各部门往往会倾向于采取更宽松的预算标准，夸大可能产生的费用。此外，人力资源预算编制人员可能缺少对业务的了解，对费用发生的真实情况难以作出准确评估，容易导致预算松弛的情况。针对此种情况，HR 需要熟悉企业的业务，了解一些基础财务知识，与企业业务部门、财务部门进行更好的沟通，科学合理地做好预算，才可以节省一些不必要的成本。

（2）脱离企业发展战略

人力资源部门在编制预算时，如果一味地强调节省开支而没有与企业的实际发展情况联系起来，很可能导致对企业关键业务投入资源不足，影响企业的长期发展。所以编制预算时要与企业的发展战略相结合，使人力资源预算费用的效益最大化。

（3）预算具有被动性

预算本来就是对未来资金需求的一种估计，受到很多不确定因素的影响，一方面相关法律法规、政策的调整具有不确定性；另一方面会遇到一些意外事件，如企业组织结构的变化、业务的变化等，导致预算不准确。针对此种情况，人力资源部门在编制预算时要尽可能综合考虑多方面的因素，同时也要及时主动地关注一些法律法规、政策的变化，及时修订。

4.2 企业人力资源成本的内容

人力成本是企业成本管理中很重要的一部分，HR 在开展人力资源管理工作时需要控制好成本，使企业资金得到最大化利用。想要控制成本，就要了解企业的人力成本主要有哪些，才能有针对性地采取措施。

4.2.1 人力资源成本有哪些

人力资源成本是企业构建和实施人力资源管理体系过程中的所有投入，把"人"作为一种资源，通过人力来获取企业的回报与收益。按照其管理过程可以把人力资源成本分为以下六部分：

（1）人力资源管理体系构建成本

企业要想有秩序、系统地管理自身的人力资源，就需要建立一个完整的管理体系，即人力资源管理体系。人力资源管理体系构建成本就是指企业设计、规划和改善人力资源管理体系所消耗的费用，包括设计和规划员工的工资、资料费、培训费和差旅费等。在财务上，一般将此部分费用计入"管理费用"科目进行账务处理。

（2）人力资源引进成本

人力资源作为企业发展的核心"资源"，是每个企业都需要的，为了获取更优秀的人才就会产生引进成本。所以引进成本是企业从外部获得人力资源时所消耗的成本，包括以下四项成本，见表 4-7。

表 4-7　引进成本

内　容	具体阐述
招聘成本	招聘成本主要是为了吸引企业所需的内外人员，发布人力资源需求的信息时产生的成本，主要包括以下四项费用： ①招募人员的直接劳务费用； ②直接业务费用，如招聘洽谈会议费、差旅费、代理费、广告费、宣传材料费、办公费和水电费等； ③间接费用，如行政管理费、临时场地及设备使用费等； ④为吸引潜在员工的预付费用，如为吸引高校研究生与本科生所预先支付的委托代培费
选拔成本	选拔成本主要是为了选拔出更优秀、更适合企业的人才所产生的费用，如面谈、测试和体检等产生的费用
录用成本	录用成本是指经过招募选拔后，把合适的人员录用到组织中所发生的费用，如录取手续费、调动补偿费、搬迁费和旅途补助费等，一般被录用者职务越高，其录用成本也就越高。但若是从企业内部录用职工仅仅算是工作调动，一般不会再发生录用成本
安置成本	安置成本是为安置已录取职工到具体工作岗位上所发生的费用，主要是为安排新员工的工作所必须发生的各种行政管理费用、为新员工提供工作所必须的装备费用，以及录用部门因安置人员而损失的时间成本

虽然人力资源引进成本划分得比较细致，但在财务处理方面还是将这类成本统一归入管理费用中核算。

（3）人力资源培训成本

为了使新员工更快地适应工作岗位或者提高业务水平，企业还需要对招聘入职的人员进行培训。人力资源培训成本是企业对员工进行培训所消耗的资源总和，主要包括员工上岗教育费用、岗位培训及脱产学习费用等。在财务处理上，一般将这些成本归入管理费用或是应付职工薪酬中的职工教育经费。

（4）人力资源使用成本

人力资源使用成本是企业在使用员工的过程中发生的成本，主要包括维持成本、奖励成本和调剂成本，如下所述：

维持成本：即企业人力资源的劳动力生产和再生产所需的费用。

奖励成本：企业为激励员工使其更好地发挥主动性和积极性，而对职工作出的特别贡献所支付的奖金。

调剂成本：企业为了调剂员工的生活和工作，满足员工精神上的需求而发生的成本，包括职工疗养费、用于文娱生活的费用等。

人力资源使用成本贯穿于企业的整个经营发展过程，在财务方面，对某些可以归类到具体的员工身上的使用成本，计入"应付职工薪酬"科目中；对某些不能归类到具体的员工身上的使用成本，则计入"管理费用"。但需要注意的是，在计入应付职工薪酬时，还需要根据员工所处的部门，将薪酬分别计入管理费用、销售费用、制造费用和生产成本等费用类科目。

（5）人力资源保障成本

人力资源保障成本是企业为了保障人力资源在暂时或长期丧失使用价值时的生存权而必须支付的费用，包括劳动事故保障、健康保障、退休养老保障和失业保障等费用，见表 4-8。

表 4-8　人力资源保障成本

成　本	具体阐述
劳动事故保障	劳动事故保障成本是企业承担的职工发生工伤事故时应给予的经济补偿费用，如工伤职工的工资、医药费和丧葬费等
健康保障	健康保障成本是企业承担的职工因工作以外的原因引起的健康欠佳不能坚持工作而给予的经济补偿费用，如医药费和产假工资等
退休养老保障	退休养老保障成本是社会、企业及职工个人承担的退休人员的退休金和其他费用，如养老金和养老保险等
失业保障	失业保障成本是企业对有工作能力但因客观原因造成暂时失去工作的职工所给予的补偿费用，如一定时期的失业救济金

表 4-8 中的成本，财务会根据员工岗位不同而计入不同的费用科目中。

（6）人力资源遣散成本

人力资源遣散成本是指企业根据人力资源管理要求对不合格的人力资源进行遣散所消耗的资源总和，如遣散费、诉讼费和遣散造成的损失等。这类费用有具体遣散对象时通常计入应付职工薪酬，其他费用如诉讼费等一般计入管理费用。

4.2.2　不同用工模式下的人力资源成本

不同的用工模式，成本构成不完全一样，其账务处理可能也不一样，常见的用工模式及其人力资源成本主要有以下四种：

（1）劳动合同用工

劳动合同用工是员工直接与用人单位建立劳动关系、签订劳动合同，用人单位直接管理员工的一种用工形式。此种形式适合所有岗位，其人力资源成本及账务处理与 4.2.1 节所述类似，不再赘述。

（2）非全日制用工

非全日制用工是指以小时计酬为主，劳动者在同一用人单位一般平均每日工作时间不超过四小时，每周工作时间累计不超过 24 小时的用工形式，即我们常说的临时工。此种用工模式可不签订书面劳动合同，任一方均可随时终止劳动关系，且无需支付补偿。由于岗位流动性较大，报酬结算周期最长不超过 15 天，可能与大多数单位的工资结算周期不一致。

职工是指与企业订立劳动合同的所有人员，含全职、兼职和临时职工，包括虽未与企业订立劳动合同但由企业正式任命的人员，也包括通过企业与劳务中介公司签订用工合同而向企业提供服务的人员。

所以企业职工也包括非全日制用工，故非全日制员工的薪资报酬也属于人力成本的一部分，其薪酬也计入"应付职工薪酬"科目，在计算个人所得税时也按"工资、薪金"所得计缴个人所得税。

但是用人单位不是一定要为非全日制劳动者购买社会保险和医疗保险，根据劳动保障部《关于非全日制用工若干问题的意见》关于非全日制用工的社会保险有以下规定：

"10. 从事非全日制工作的劳动者应当参加基本养老保险，原则上参照个体工商户的参保办法执行……

11. 从事非全日制工作的劳动者可以以个人身份参加基本医疗保险，并按照待遇水平与缴费水平相挂钩的原则，享受相应的基本医疗保险待遇……

12. 用人单位应当按照国家有关规定为建立劳动关系的非全日制劳动者缴纳工伤保险费……"

（3）劳务派遣

劳务派遣是指劳务派遣单位与被派遣劳动者建立劳动关系，并将劳动者派遣到用工单位，被派遣劳动者在用工单位的指挥、监督下工作的形式。劳务派遣工也属于企业员工，对于用人单位来说劳务派遣员工的薪资也属于企业人力成本的一部分。

但不是所有的劳务派遣费用都可以计入企业工资薪金总额，根据《国家税务总局关于企业工资薪金和职工福利费等支出税前扣除问题的公告》（国家税务总局公告 2015 年第 34 号）规定："按照协议（合同）约定直接支付给劳务派遣公司的费用，应作为劳务费支出；直接支付给员工个人的费用，应作为工资薪金支出和职工福利费支出。其中属于工资薪金支出的费用，准予计入企业工资薪金总额的基数，作为计算其他各项相关费用扣除的依据。"其账务处理如下：

借：生产成本等

管理费用——劳务费

应交税费——应交增值税（进项税额）

贷：应付职工薪酬——劳务用工——工资等

应付账款——××劳务派遣公司

（4）业务外包

业务外包是指单位把业务的一部分或者全部外包给外部专门机构，由承包方外派员工完成相应的业务工作的一种用工模式。该模式下，员工与承包方签订劳动合同，并由承包方进行日常管理，发包方不对员工进行直接管理。此种模式下，发包方无需再承担招聘人员的费用、管理费用等成本，但是需要支付相应的外包费用。

4.3　有效降低人力资源成本

人力资源作为企业的核心资源，是企业发展的根本，为了维护好企业的"根本"会产生很多费用，若是成本大于盈利，会导致经营不善，所以需要控制好人力资源成本这项支出。

4.3.1　做好招聘成本控制

HR 在控制人力资源成本时，需要从各个环节入手，首先就是招聘环节，尽量用最少的投入达到招聘要求，提高招聘效率，具体从以下五方面着手：

（1）做好事前招聘分析

在招聘前，HR 需要做好详细的、招聘分析岗位分析以及招聘计划。只有明确企业需要什么样的人才、人员招聘的成本有哪些、招聘渠道有哪些等事项，才能避免盲目招聘，成本居高不下。要做好招聘分析可参考以下四个步骤进行：

第一步：收集岗位信息。现有的岗位说明书、组织机构、团队结构和用人机制等资料是岗位信息的重要来源，除此之外，还可以进行实地考察、绩优者分析等搜集岗位信息。

第二步：整理提炼岗位信息。与岗位相关的信息主要包括以下四方面：

①岗位职责要求：如岗位的关键产出是什么？岗位对人才的要求有哪些？

②工作环境特点：如是否会承担较大的工作压力？岗位在企业中的地位如何？任职人所在团队氛围如何？

③企业文化要求：如企业倡导什么样的价值观？需要体现什么样的工作风格？

④企业发展需要：如企业未来的业务方向是什么？

第三步：汇总岗位的用人要求。可以从知识、技能、经验、能力等维度对上述信息加以汇总，形成岗位用人要求。

第四步：选择有效的招聘要素进行考虑。在招聘过程中，不可能完全做到面面俱到，因此就需要重点选择一些核心要素作为考察点，考察点的衡量标准见表4-9。

表4-9 考察点衡量标准

衡量标准	具体阐述
培养成本	某项考察点在短期内进行培养的难易程度，易于培养的，作为考察的次要标准或不予考察；不易培养的，则作为主要考察点
人群区分度	某项考察点在应聘者群体中的差异度和区分度。区分度小的，作为次要标准或不予考察；区分度大的，则作为主要考察点
环境约束度	某项考察点因环境因素对职责发挥的影响程度。环境约束度高的，作为次要标准或不予考察；约束度低的，则作为主要考察点
可衡量度	某项考察点能用现有方式进行衡量的程度。不能或不易衡量的，作为次要标准或不予考察；易于衡量的，则作为主要考察点

（2）合理利用招聘渠道

招聘渠道的选择会影响招聘效果，不同的招聘需求还可以根据岗位、人才等级等划分招聘渠道。HR 在选择招聘渠道时可参考以下步骤，如图 4-2 所示。

1. 结合企业的招聘规划及招聘要求，初步确定招聘渠道

2. 分析潜在应聘人员的特点

3. 确定适合的招聘来源，按照招聘计划中岗位需求数量和资格要求结合成本控制来选择一种效果最好的招聘来源，如内部招聘或外部招聘、学校招聘或社会招聘等

4. 根据招聘需求结合成本控制来选择一种效果最好的招聘方法，如发布广告、上门招聘或借助中介等

图 4-2　招聘渠道选择步骤

常见的招聘渠道见表 4-10，HR 可以结合具体招聘需求，采用一种或多种渠道相结合的方式。

表 4-10　常见招聘渠道

渠道	介绍	成本
现场招聘	现场招聘是一种企业和人才通过第三方提供的场地，进行直接面对面对话，现场完成招聘的一种方式。这种方式下简历的有效性比较高，但是也会受到地域的限制，有一定的局限性	相比其他方式，所需费用较少，可以节省企业筛选简历的时间成本
网络招聘	网络招聘是指企业在网上发布招聘信息进行简历筛选、笔试和面试等。企业一般可以通过两种方式进行网络招聘，一是在企业官方网站上发布招聘信息，搭建招聘系统；二是与专业招聘网站合作。 网络招聘没有地域限制，受众人数大，覆盖面广且时效较长，可以在较短时间内获取大量应聘者信息，但是也充斥着许多虚假信息和无用信息，故网络招聘对简历筛选的要求比较高	耗费的人力物力较少，成本较低

续上表

渠道	介绍	成本
校园招聘	校园招聘是许多企业都会采用的一种招聘渠道，企业可以到学校张贴海报，开展宣讲会吸引即将毕业的学生前来应聘。可以由学校推荐优秀的学生，对于一些较为特殊的职位也可通过学校委托培养后，企业直接录用。 　　通过校园招聘的学生可塑性较强，干劲充足。但是实际工作经验较少，需要进行一定的培训才能真正开始工作，且流动性可能较大	降低了薪资成本，但是宣传成本和培训成本比较高
传统媒体	在报纸杂志、电视和电台等载体上刊登招聘信息，受众面广、收效快且过程简单，同时也能宣传企业。但是一般只适用于中层和技术人员，高级管理人员很少采用此种方法。同时该渠道也受到广告载体的影响力、覆盖面和时效性的影响	宣传成本比较高
人才机构	这种方式比较便捷，致力于双方都满意，企业可以招到对口的人才	成本高，特别是猎头公司收取的费用会更高
员工推荐	企业可以通过员工推荐其亲戚朋友来应聘职位，这种招聘方式使企业和应聘者双方掌握的信息都比较准确真实	成本主要是给推荐人的奖金
人事外包	主要是指将企业的招聘工作外包给专业的人力资源管理公司，可以减少劳动纠纷，降低营运成本，提高工作效率，节省时间成本	成本较高

（3）优化面试流程

面试为企业和应聘者提供了双向交流的机会，能使企业和应聘者之间相互了解，从而双方都可更准确地作出是否应聘与聘用的决定。面试也是考察候选人与岗位匹配度的一个重要环节，很多大型企业的工作流程复杂烦琐反而增加了招聘成本。所以如何优化面试流程、设计面试问题以及考察面试者是HR面临的重要问题。

如果HR能够根据招聘需求设置合理的面试流程，不仅能够节省时间成本，还能提高面试效率，降低招聘成本。如基础岗位只需要HR和部门领导面试即可，中高层可由HR和领导人一起面试。此外，企业还需要对面试官进行适当的培训，提高面试官的识人能力。

（4）重视人员培养

HR可以多关注各大高校的学生，虽然他们可能没有丰富的工作经验，但是他们学习能力强、工作热情高。如果 HR 能够合理利用这部分人群，对其进行培养，可以降低招聘成本。

（5）维护好老员工

老员工对企业业务、工作内容都是非常熟悉的，如果能够降低老员工的离职率，提高他们对企业的认同感，也是降低招聘成本的有效手段之一。HR 可以从企业、人力资源和员工个人发展等层面增加员工的幸福感、认同感，从而降低离职率及招聘成本。

此外，要降低招聘成本还需及时关注实际发生的成本与预算的偏离度，及时调整预算，降低不必要的招聘成本。

4.3.2 培训费用最大化

为了企业更长久的发展与进步，许多企业都会不断提高员工的业务水平与技能，会不定期举行一些培训活动，这样就会产生一些培训费用支出。但有些培训费用是必须支出的，而有些不必要的支出会增加企业成本。若要降低成本让培训费用得到最大化利用，就有必要提高培训活动的效率，可从以下五个方面实施：

（1）明确培训目的

培训目的是指培训活动的目的和预期成果，培训目的可以帮助员工理解为什么需要培训，使培训目标服从企业目标，员工学习才会更有效。而培训目标通常应当包括以下三项内容：

①员工应该做什么；

②受训者可被接受的绩效水平；

③受训者完成培训目标的条件。

（2）做好培训计划

培训计划是对培训内容、培训时间、培训地点和培训预算等做出的预先设定，做好了培训计划才能使整个培训有条不紊地进行。培训计划需要同时满足企业及员工的需求，兼顾企业资源条件及员工的素质基础。在制订培训计划时需要遵循以下四个原则：

①培训计划必须先从企业经营出发，与企业目标相符合；

②尽量获得更多人的支持；

③在制订计划过程中，应具有针对性，来适应员工的个体差异；

④注重培训的时效性。

(3) 确定培训方式

企业的培训效果在很大程度上取决于培训方式的选择，而培训效果又与降低企业成本息息相关，若是没有达到培训效果，则白白支出了培训费用，所以需要选择合适、有效的培训方式。

常见的培训方式有以下四种，见表4-11。

表4-11　常见培训方式

培训方式	具体说明
讲授法	是传统的培训方式之一，其优点是操作方便，便于把握整个培训过程，但只能传递单向信息，反馈效果不好，适用于一些理论性知识的传播
视听技术法	是通过现代视听技术，如投影仪、视频和录像机等工具对员工进行培训，此种方式刺激了员工的视觉与听觉，直观鲜明，但是制作和购买成本比较高，且内容容易过时。通常用于企业概况、技能等培训内容，也可用于理论性知识的传播
讨论法	一般分为小组讨论与研讨会两种方式。研讨会多以专题演讲为主，中途可以讨论交流，可以向多向传递信息，其反馈效果比较好，但是费用较高。相比较而言，小组讨论中学员的参与性高，费用较低，但是对培训教师的要求较高
案例研讨法	通过向培训对象提供相关背景资料，让其寻找合适的解决方法。此种方式费用低，反馈效果好，可以有效训练学员分析解决问题的能力

(4) 甄选培训内容

员工培训的内容必须与企业的发展目标、员工的职位特点相符，而不是一些与企业发展无关的内容，既浪费了时间又增加了培训成本。

所以需要甄选培训内容，培训内容主要包括以下方面：

①介绍企业的发展历史、宗旨、规模，以及发展前景，了解企业的文化及价值观。

②介绍企业的规章制度和岗位职责。

③介绍企业内部的组织结构，使新员工们了解和熟悉各个部门的职能，以便在今后工作中能准确地与各有关部门进行联系。

④进行业务培训，使新员工熟悉所在岗位工作内容及流程，掌握所在岗位专业知识及相关技能。

⑤介绍企业的安全措施，让员工了解如何做好安全工作，提高员工的安全意识。

⑥介绍员工福利、薪酬标准及绩效考核标准。

(5) 有针对性地培训

除了对企业的发展历史、企业文化和规章制度等进行统一培训之外，还需要对不同岗位的人员进行针对性的培训，可有效精减成本，而不是笼统培训，徒增培训成本。

4.3.3 留住人才降低离职成本

离职成本是企业在员工离职时可能支付给员工的离职补贴，主要包括离职补偿成本、离职前低效成本和空职成本，见表4-12。

表 4-12 离职成本

分 类	具体阐述
离职补偿成本	离职补偿成本是指企业辞退员工或员工自动辞职时，企业应补偿给员工的费用，包括至离职时间止应付给员工的工资、一次性付给员工的离职金等
离职前低效成本	离职前低效成本是指员工即将离开企业时工作或生产低效率而导致的损失
空职成本	空职成本是指员工离职后职位空缺的损失，职位出现空缺后可能会对某项工作或任务的完成产生不良影响，从而造成企业的损失

虽然离职是一件很平常的事情，但是员工的突然离职会给企业造成很多损失，所以企业还是要尽量降低离职率，减少离职成本，可从以下五个方面着手：

(1) 挽留住有价值的人才

有价值的人才不仅对企业有重大贡献，以后还能为企业带来更大的经济效益，同时其离职的成本也比较高，相对于普通员工来说需要给予的补偿也更多。不管从何种角度来说企业都应留住此种人才。

(2) 重点关注敏感性职位离职情况

对于敏感性职位的人才离职尤其要谨慎，敏感性职位一般来讲是组织的高层管理职位、市场营销和技术部门的骨干及组织的核心财务人员等，他们的离职往往会给企业带来重大损失。那么该如何降低他们的离职率呢？可以参考以下两点：

①高层管理人员的离职将直接影响到组织部门之间的关系和基础人际关系，影响所有组织成员对组织的态度，甚至影响到整个组织的运营理念和战略决策。所以，对待高层管理人员时需要注意管理方法。

②对待技术骨干和财务人员可以考虑从薪资、福利待遇等入手，同时增强他们的集体意识。

（3）做好离职面谈

离职面谈是在员工离开企业前与其进行的面谈，离职面谈是人力资源管理程序中的一个环节，也是留住人才的最后一个机会。那么应该如何做好离职面谈呢？可参考以下步骤：

第一步：做好面谈准备工作。面谈地点尽量选择宽敞、明亮的空间。准备好离职者的个人基本资料、离职申请书及考核记录，并事先与该员工的直接领导进行沟通，以便掌握该人才离职的真正原因，并确定组织挽留人才的方案。

第二步：掌握面谈的技巧。尽量营造轻松的气氛，随时察言观色，专注倾听离职者的想法，在适当时机进行挽留。当离职者产生防卫心理时，应该及时关心其感受，不是唐突地打断问题。在员工提出自己的意见和建议时，要真诚地感谢他的建议。

第三步：做好面谈后的分析与改进。将面谈重点记录下来并进行汇总整理，进行必要的分析，针对离职者提出的建议和离开原因，提出改进措施和意见。

（4）防止员工大量离职

年初是离职高潮，许多员工会选择在此时离职。虽然员工离职的原因有很多，但是当大规模出现离职现象时要尤为重视，因为大量员工离职带给企业的损失更大。所以 HR 需要了解员工大量辞职的具体原因是什么，并安抚好员工的情绪，及时向上级领导报告，提出有针对性的解决办法。

（5）办妥离职交接手续

离职交接是很重要的人力资源管理环节，企业应督促员工在离职前做好交接工作，以防泄露企业的资料信息等，从而产生更多的损失。

4.3.4 灵活用工降低人力成本

灵活用工主要是指非全日制用工、劳务派遣、劳务外包和学生用工等用工形式。由于各用工模式下的成本不同，所以可以通过合理运用这几种用工形式来节省企业人力资源成本，从而协助财务部门做好整个企业的成本控制工作。

不同的灵活用工模式各有优势，下面分别介绍。

（1）非全日制用工的好处

非全日制用工是非常灵活的一种就业形式，对于企业来说具有以下好处，见表 4-13。

表 4-13 非全日制用工好处

好　处	具体阐述
节省人力成本	对于正式员工来说，企业需要为其足额缴纳社会保险，以及支付其他法定福利，为留住员工通常还需要付出丰富的绩效奖金等人力成本。而非全日制用工的人力成本相对比较单一，通常只有薪资
薪资最大化利用	非全日制用工不需要每天按照全日制用工时间来出勤，多是临时性、季节性的，且只需要集中在一段时间内，企业就可以把对非全日制用工的成本"花在刀刃上"，减少成本
工作效率高	非全日制用工相对来说工作时间短，相比于全日制效率会高一些，工作效率高给企业带来的经济效益也更好，同时也减少了很多麻烦，降低了未来可能发生的成本
离职成本低	相对于正式员工来说，临时工的随意性更大，所以离职成本也相对较小

虽然非全日制用工形式下企业与员工可以通过口头协议建立劳动关系而不一定要签订劳动合同，但是为了规范双方的劳动关系，确保企业与劳动者的权益，还是签订劳动合同比较好，能为以后减少麻烦，同时节省成本。

（2）劳务派遣的好处

企业选择劳务派遣方式同样也可以节省成本，其好处见表 4-14。

表 4-14 劳务派遣好处

好　处	具体阐述
降低直接成本	被派遣人员的社保和公积金都是由劳务派遣单位发放，能够降低企业社保和住房公积金的总开支
降低管理成本	通常由劳务派遣企业负责招聘、培训、录用，以及后续的一系列管理和服务，可以使用工单位人力资源部的人员得到放松，减少管理成本。同时因为被派遣的劳动者与劳务派遣企业之间是劳动关系，劳务派遣企业通常拥有专业的人事管理经验和能力，发生劳动争议时，劳务派遣企业也可以更好地解决劳动纠纷，节省用工单位的时间和成本

续上表

好　处	具体阐述
降低辞退赔偿金	企业有时候会面临大量的用工需求，如果采用传统的人事招聘模式，一是可能很难在短时间内满足用人需求；二是一旦临时性工作完成，将不可避免地出现人员剩余。如果选择辞退员工，可能会面临劳动纠纷，还要支付被辞退者经济赔偿金。而劳务派遣方式能够使用工单位的用工更加灵活，有效解决辞退赔偿金问题

（3）劳务外包的好处

劳务外包不仅能降低成本，还能获得更专业的服务，其优势如下所述：

①劳务外包能够降低企业的生产成本，同时专业的外包服务能够使生产成本最小化、生产效率最大化。

②劳务外包形式用工灵活且具有一定专业性，员工通常具备专业技能，能够充分利用人力资源，降低人力成本。

（4）学生实习的好处

企业可以通过在校学生的实习需求，招聘一定比例的实习生，满足企业的用人需求。对在校实习生的运用不仅可以降低企业的直接用工成本，还可以减少企业部分正式岗位的获取成本和开发成本。其具有以下优势：

①实习学生的直接人力成本更低。

②通过对实习学生工作效果的评价，企业未来招聘这部分实习学生做正式员工的时候可减少人才选拔的时间，节省时间成本。

③有助于企业有针对性地进行人才培养，缩短新入职人员的适应过程。

④有助于弥补人员空缺，降低离职成本。

4.3.5　关注隐性成本

隐性成本是相对于显性成本而言的，是一种隐藏于经济组织总成本中、游离于财务监督之外的成本，是由于经济主体的行为而有意或无意造成的，具有一定的隐蔽性，通常具有以下特点：

隐蔽性和潜藏性：企业财务核算的内容主要是显性成本与历史成本，即日常发生的成本与过去产生的成本。而隐性成本是潜在的，暂时未发现的，以及对以后产生影响的成本。

放大性：企业在经济活动中往往容易为了追求短期利益而忽视当前行为对以后成本的影响，容易越积越多。

爆发性：企业的隐性成本积累得越多，其爆发性就越大，危害性也就越大。

企业在核算成本时通常只把可衡量的物质资源和信息资源的耗费作为成本核算，忽略了企业控制人员付出的成本，长此以往也会给企业造成很大的损失。常见的隐性成本见表 4-15。

表 4-15　人力资源部门常见隐性成本

隐性成本	具体阐述
部分招聘成本	筛选人员的机会成本、错误甄选人员的低效成本、组织招聘过程中的时间成本等
部分缺勤成本	员工缺勤虽然大多数是员工自身的原因，但是长此以往会给企业带来更大的损失，所以很多企业对缺勤都有严格的惩罚制度
部分离职成本	①员工离职前低效工作带来的成本； ②员工离职后岗位空缺成本和新员工适应岗位工作的时间成本； ③可能发生商业机密泄露的风险等
流程管理成本	部分企业在进行人力资源管理时存在流程管理不规范、不完善、不标准等问题，管理流程混乱也就失去了对各项工作的控制，致使很多工作半途而废，给企业造成损失

隐性成本产生的原因主要有以下三种：

①员工自我价值得不到实现。员工自我价值得不到满足或得不到公正的评判就会降低其工作积极性，甚至离职。

②组织架构混乱。部分企业由于业务变化而进行的增设岗位，也会导致很多不必要的成本。

③人岗不匹配。部分企业在用人的时候并没有将员工的技能、特点与岗位特征相结合，容易导致工作效率低下，从而影响企业的经济效益。

那么人力资源部门应该如何解决这些问题呢？可参考以下措施：

正确认识隐性成本：首先要了解哪些是无效成本，哪些是有效成本。所谓无效成本是指对企业获取利润没有效应的成本投入，有效成本是指对于企业获取利润具有正面效果的支出。只有有效成本才对企业具有重要意义，而无效成本一般会以隐性成本的方式存在。

合理匹配人才，因人设岗：尽量将不同的人员安排在适合的岗位上，做到"人尽其才，物尽其用"，实现人员的优化与合理配置。

合理设计组织架构：精减不必要的岗位，提升人力资源管理效率，降低人力资源成本。

优化管理流程：在制定人力资源管理流程时要尽量做到系统化、标准化和专业化，做好各个环节之间的衔接。

建立对员工的激励机制：要想稳定员工队伍，企业必须制定合理的激励机制，给员工提供晋升和发展的机会、良好的福利薪资待遇。

重视企业文化建设：完善的企业文化有利于培养凝聚力和感召力，形成积极向上的工作氛围，促进员工高效工作。

第5章

具备法律意识与掌握劳动合同管理方法

法律风险贯穿企业经营的每一个环节,包括人力资源管理,HR 需要树立一定的法律意识,不触犯法律底线,合理利用法律知识保护企业的合法权益。同时也需要规范劳动合同管理,劳动合同是确立劳动者与用人单位劳动关系的基本前提,规范管理劳动合同有利于减少劳动纠纷。

5.1 树立招聘相关法律意识

作为一名 HR 需要具备一定的法律意识,要守住自己的职业道德底线,更不能触碰法律红线。

5.1.1 发布招聘信息的注意事项

招聘是 HR 的日常工作之一,在企业需要招人的时候需要发布招聘信息,相关注意事项如下:

(1)禁止就业歧视

常见的就业歧视现象主要包括以下五种类型,见表 5-1。

表 5-1 常见就业歧视类型

类型	具体阐述
城乡歧视	部分企业在进行招聘时会限定"本市户口优先"或有的单位只招聘有本市户口的人员

续上表

类　型	具体阐述
性别歧视	虽然妇女与男子享有平等的权利，但是在某些领域性别歧视仍然存在，如一些岗位明确只招聘男士，或者不招聘或解雇怀孕的女士等都是性别歧视。除了对女性的性别歧视之外，也有某些单位根据自己的意愿只招收女性或者女性优先，这也是对男性劳动者的歧视对待。无论是对女性还是对男性的就业歧视都违反了《中华人民共和国劳动法》，企业都不应发布此类招聘信息
年龄歧视	年龄歧视也是就业歧视中常见的一种，如某些岗位规定年龄要在 22～28 岁，或者在 35 岁以下等
经验歧视	在一些招聘信息中看到某些工作岗位可能不需要很久的工作经验或者通过培训可以达到的，但是一些用人单位会要求求职者要有几年工作经验，对于一些刚毕业的大学生来说也是一种经验歧视。企业在发布招聘信息的时候应根据岗位的实际要求来招聘，而不是一味地要求必须要有几年以上的工作经验
生病歧视	如对"乙肝病毒携带者"的歧视等

《中华人民共和国劳动法》（以下简称《劳动法》）对就业歧视有以下规定：

第十二条规定："劳动者就业，不因民族、种族、性别、宗教信仰不同而受歧视。"

第十三条规定："妇女享有与男子平等的就业权利。在录用职工时，除国家规定的不适合妇女的工种或者岗位外，不得以性别为由拒绝录用妇女或者提高对妇女的录用标准。"

同时，《中华人民共和国就业促进法》（以下简称《就业促进法》）中也对就业歧视作出了以下规定：

第三条规定："劳动者依法享有平等就业和自主择业的权利。劳动者就业，不因民族、种族、性别、宗教信仰等不同而受歧视。"

第二十七条规定："国家保障妇女享有与男子平等的劳动权利。用人单位招用人员，除国家规定的不适合妇女的工种或者岗位外，不得以性别为由拒绝录用妇女或者提高对妇女的录用标准。用人单位录用女职工，不得在劳动合同中规定限制女职工结婚、生育的内容。"

第三十条规定："用人单位招用人员，不得以是传染病病原携带者为由拒绝录用。但是，经医学鉴定传染病病原携带者在治愈前或者排除传染嫌疑前，不得从事法律、行政法规和国务院卫生行政部门规定禁止从事的易使传染病扩散的工作。"

下面来看一个案例。

实例分析 招聘时性别歧视，需要承担什么后果

某快递公司在某招聘网站上发布招聘信息，招聘岗位为快递员，任职资格为男性。王某（女）在线投递了简历申请该职位，于2024年9月20日到该公司面试，试做两天后，双方达成一致意见并于10月5日签约合同，但最终双方并未签约。10月20日，王某给该公司负责人李某打电话询问不能签合同的原因，李某表示因为王某是女性，所以公司不批准签合同。

王某称快递员一职并不属于不适合妇女的工种或岗位，但该快递公司仅以王某是女性就表示不予考虑，导致王某受到了就业性别歧视。在提起诉讼之后，法院支持了王某的诉求，判决该公司赔偿王某精神损害抚慰金2 000.00元。由此可以看出，用人单位在发布招聘信息或进行招聘时都不得发布就业歧视信息或进行就业歧视。

（2）不得发布虚假招聘信息

部分企业为了自身利益而发布一些虚假招聘信息或者夸大事实，都是不符合法律法规的。用人单位不得提供虚假招聘信息，发布虚假招聘广告。违反相关规定的由劳动保障行政部门责令改正，并可处以一千元以下的罚款；对当事人造成损害的，应当承担赔偿责任。

发布虚假招聘信息不仅违反了法律法规，也不利于自身企业形象的塑造，HR在发布招聘信息时应避免发布以下信息：

夸大薪资：很多企业为了吸引到更多的求职者，都会在招聘信息上夸大薪资，但实际薪资与招聘薪资差别很大。

虚假承诺福利待遇：招聘信息中写明企业可提供各项补贴、带薪假和国内外旅游等福利，实际却并不提供。

虚假招聘人数：实际是招聘几个人，却虚假发布招聘很多人。

虚假工作地点：招聘时说明的工作地点与实际工作地点并不一致。

招聘岗位与实际工作岗位不一致：如写着招聘讲师，但实际却是招聘客服、销售等岗位。

模糊工作岗位的内容：只写明大概工作范围而没有写明具体的工作内容，如写着招聘HR，但是其工作内容不仅涉及HR工作，还需要兼任其他岗位。

（3）明确录用条件

录用条件是确保员工能够胜任某个岗位的条件，它明确了员工应具备的能力。在发布招聘信息时，应尽量明确具体的录用要求，以免发生劳动纠纷。下面来看一个案例。

实例分析 录用条件模糊导致经济赔偿

刘某于2024年3月5日入职某科技公司，岗位为软件工程师，双方签订的劳动合同试用期为六个月。由于刘某在试用期间工作拖拉，未及时完成改写程序等工作，有时还要返工修改，给系统运行造成影响。于是，公司认为刘某不能胜任该岗位，以刘某不符合录用条件为由，解除与刘某的劳动合同。刘某认为，其自身能力符合该公司当初的招聘条件，公司属于违法解除劳动合同，需支付赔偿金，遂向法院提起诉讼。

经法院审理，发现该公司在岗位招聘条件中，除了明确对学历、专业、相关工作经验年限的要求外，对熟悉网络、编程等技术的要求并没有具体说明，所以不足以认定刘某不符合录用条件，故判决该公司支付给刘某违法解除劳动合同的赔偿金。

从上述案例可以看出，在招聘和录用员工的时候，一定要明确录用条件，以免产生劳动争议时无法举证。

下面再来看一个案例。

实例分析 录用条件明确，合法解除劳动合同

2024年7月，黄某入职某公司，岗位为行政经理。入职当天，双方签订了劳动合同，约定合同期限为三年，试用期为三个月。同时，该合同还明确约定了黄某所任岗位的工作内容、录用条件、主要职责和考核标准等内容。一个月之后，该公司以黄某工作内容不合格、工作能力未达到岗位要求等理由解除了双方的劳动关系。

黄某对解除合同不服，在与该公司协商无果后，将该公司诉至法院，要求继续履行劳动合同或支付违法解除劳动合同赔偿金12 000.00元，另外支付律师费6 000.00元。

经法院审理认为，被告公司与黄某签订劳动合同时，明确约定了该岗位的工作内容、录用条件、主要职责和考核标准等内容。经查明，黄某确实未达到岗位

要求，无法胜任该岗位工作职责。该公司根据合同约定对其工作作出评价并在试用期内解除劳动合同，符合法律规定。故对黄某诉求该公司继续履行劳动合同或支付违法解除劳动合同的赔偿金，不予支持。

与上一个案例相比，此案例中该公司在合同中明确了录用条件，合法解除了劳动合同，可以看出明确录用条件的重要性。

那么应该如何明确"录用条件"呢？可从以下三方面入手：

①有具体的录用要求，并告知劳动者：在发布招聘信息时，对应聘者的资格能力要求及其工作职责进行详细说明。

②有明确的考核标准，并告知劳动者：对于可量化评估的岗位，可以制定明确的考核方案或考核标准；对于某些难以量化评估的岗位，需要保留好与员工沟通交流的证据和证明员工工作表现的其他证据。

③考核标准客观公正：用人单位在制定考核标准时，需要注意考核标准的客观公正，不是由于员工自身能力原因而达不到考核要求的，属于用人单位的责任，则不能证明员工不符合录用条件。

拓展贴士 试用期"不符合录用条件"解除劳动合同的程序要件

员工在试用期间被证明不符合录用条件的，用人单位是可以解除劳动合同的，但需要满足以下三个条件：

①考核及解除行为应当处于合法约定的试用期内。用人单位与劳动者约定的试用期应符合法律规定的要求，约定试用期超出法律规定标准的部分无效，不能发生试用期解除的法律效力。

②用人单位应在试用期内通知员工解除劳动合同。

③应当明确载明具体的解除原因。根据《中华人民共和国劳动合同法》（以下简称《劳动合同法》）第二十一条规定："……用人单位在试用期解除劳动合同的，应当向劳动者说明理由。"

5.1.2 重视录用通知书发放的法律效力

在应聘者面试通过之后，有些企业会给合格者发放录用通知书，但是关于录用通知书的法律效力在《劳动合同法》中并没有明确规定，在实务中一般将其视为一种要约或者承诺。根据《中华人民共和国民法典》（以下简称《民法典》）第四百七十一条规定："当事人订立合同，可以采取要约、承诺方式或者其他方式。"

那么什么是"要约",什么是"承诺"呢?相关规定如下所述:

(1)要约

要约是指希望与他人订立合同的意思表示,其内容见表 5-2。

表 5-2 要约的内容

内　容	具体阐述
构成条件	要约应当满足以下两个条件: ①内容具体、确定; ②表明经受要约人承诺,要约人即受该意思表示约束
撤　回	行为人可以撤回意思表示,撤回意思表示的通知应当在意思表示到达相对人前到达或者与意思表示同时到达相对人
撤　销	撤销要约的意思表示以对话方式作出的,该意思表示的内容应当在受要约人作出承诺之前为受要约人所知道;撤销要约的意思表示以非对话方式作出的,应当在受要约人作出承诺之前到达受要约人
不得撤销情形	要约可以撤销,但是有下列情形之一的除外: ①要约人以确定承诺期限或者其他形式明示要约不可撤销; ②受要约人有理由认为要约是不可撤销的,并已经为履行合同做了合理准备工作
要约失效	有下列情形之一的,要约失效: ①要约被拒绝; ②要约被依法撤销; ③承诺期限届满,受要约人未作出承诺; ④受要约人对要约的内容作出实质性变更

从要约的内容可以看出,录用通知书符合要约的构成要件,所以录用通知书也具有一定的法律约束力,不可随意撤回,若要撤回,一定要在录用通知书到达劳动者之前撤回。

若想要撤销录用通知书,也应当在拟录用人员作出承诺之前到达,一旦用人单位确定了拟录用人员作出答复的期限或者拟录用人员有合理的理由认为该要约是不可撤销的,并已为履行合同做好了准备工作,如向原单位辞职,便不可再撤销了。此外还需要注意,除非依法撤回或撤销录用通知书,用人单位不得未与受要约人协商,就随意变更其中的内容,如岗位、薪酬等。

（2）承诺

承诺是指受要约人同意要约的意思表示，承诺应当在要约确定的期限内到达要约人。要约没有确定承诺期限的，承诺应当依照下列规定到达。

①要约以对话方式作出的，应当即时作出承诺。

②要约以非对话方式作出的，承诺应当在合理期限内到达。

劳动者在收到录用通知书之后，在规定的时间内同意了用人单位的录用，便是一种对要约的承诺。虽然录用通知书不是必须要发放的，也可以采用口头通知，如电话通知的方式，但一旦发出了录用通知书，用人单位就应该依法履行自己的义务和权利，作为 HR 更应具备这样的法律意识。下面来看一个案例。

实例分析 发放录用通知书后，企业可以单方面拒绝录用吗

2024 年 5 月 8 日，刘某收到某企业发出的录用通知书，被录用担任营销经理职务。刘某当即接受了此录用岗位，同意月底前报到，并拒绝了其他企业发出的录用通知书。然而 10 天后，刘某收到该企业取消对其录用的通知。该公司辩称，此岗位需要专业对口，而刘某的专业不完全对口，故企业无法继续录用他。

在多次沟通无果之后，刘某将该企业起诉至法院，要求其赔偿两个月工资的预期利益损失和交通费等损失共计 1.50 万元。经法院审理认为，该企业发出录用通知书后，在缺乏合理理由及录用通知书已到达被录用者的情况下，短时间内取消对刘某的录用，该行为违反诚实信用原则，应承担缔约过失的责任，对刘某的损失予以赔偿。

从以上案例我们也可以看出，企业一定要谨慎对待录用通知书，重视其法律约束力，不能因为没有明确的法律规定就随意发放录用通知书，甚至随意取消录用，以免产生劳动争议。

5.2 依法签订劳动合同

劳动合同是调整劳动关系的基本法律形式，依法签订劳动合同是企业应履行的法定义务，规范的劳动合同有助于减少劳动纠纷。

5.2.1 劳动合同有哪几种类型

以劳动合同期限为标准，可以将劳动合同分为固定期限劳动合同、无固定期限劳动合同和以完成一定工作任务为期限的劳动合同三类，具体内容如下所述：

（1）固定期限劳动合同

固定期限劳动合同是指用人单位与劳动者约定合同终止时间的劳动合同。固定期限劳动合同终止时，是否续订在很大程度上取决于用人单位和员工个人的意向。

（2）无固定期限劳动合同

无固定期限劳动合同是指用人单位与劳动者约定无确定终止时间的劳动合同。用人单位与劳动者协商一致，可以订立无固定期限劳动合同。根据《劳动合同法》第十四条规定："……用人单位与劳动者协商一致，可以订立无固定期限劳动合同。有下列情形之一，劳动者提出或者同意续订、订立劳动合同的，除劳动者提出订立固定期限劳动合同外，应当订立无固定期限劳动合同：

（一）劳动者在该用人单位连续工作满十年的；

（二）用人单位初次实行劳动合同制度或者国有企业改制重新订立劳动合同时，劳动者在该用人单位连续工作满十年且距法定退休年龄不足十年的；

（三）连续订立二次固定期限劳动合同，且劳动者没有本法第三十九条和第四十条第一项、第二项规定的情形，续订劳动合同的。

用人单位自用工之日起满一年不与劳动者订立书面劳动合同的，视为用人单位与劳动者已订立无固定期限劳动合同。"

（3）以完成一定工作任务为期限的劳动合同

以完成一定工作任务为期限的劳动合同是指用人单位与劳动者约定以某项工作的完成为合同期限的劳动合同。用人单位与劳动者协商一致，可以订立以完成一定工作任务为期限的劳动合同。此类合同一般适用于以下情形：

①以完成单项工作任务为期限的；

②以项目承包方式完成承包任务的；

③因季节原因临时用工的；

④其他双方约定的以完成一定工作任务为期限的情况。

5.2.2 劳动合同的形式及责任承担

为了保护劳动者的合法权益，《劳动合同法》第十条规定："建立劳动关系，应当订立书面劳动合同。

已建立劳动关系，未同时订立书面劳动合同的，应当自用工之日起一个月内订立书面劳动合同。

用人单位与劳动者在用工前订立劳动合同的，劳动关系自用工之日起建立。"

第十六条规定："劳动合同由用人单位与劳动者协商一致，并经用人单位与劳动者在劳动合同文本上签字或者盖章生效……"

劳动者及企业双方未按照规定订立劳动合同应承担的法律后果，见表5-3。

表5-3　未按规定订立劳动合同的法律后果

时间段	用人单位未与劳动者订立书面劳动合同的法律后果	劳动者不与用人单位订立书面劳动合同的法律后果
自用工之日起一个月内	法律没有明确规定，这一个月是宽限期，用人单位在此期间未与劳动者订立书面劳动合同并不违法	用人单位应当书面通知劳动者终止劳动关系，无需向劳动者支付经济补偿，但应当依法向劳动者支付实际工作时间的劳动报酬
自用工之日起超过一个月、不满一年	用人单位应当向劳动者每月支付两倍的工资，起算时间为用工之日起满一个月的次日，截止时间为补订书面劳动合同的前一日，并与劳动者补订书面劳动合同	用人单位应当书面通知劳动者终止劳动关系，并依照《劳动合同法》第四十七条的规定支付经济补偿
自用工之日起满一年	用人单位自用工之日起满一个月的次日至满一年的前一日应当向劳动者每月支付两倍的工资，并视为自用工之日起满一年的当日已经与劳动者订立无固定期限劳动合同，应立即与劳动者补订书面劳动合同	法律没有明确规定

下面通过一个案例来说明未按规定签订劳动合同的法律后果。

实例分析 用人单位未按规定签订劳动合同的法律后果

谢某于2024年6月入职某市某工厂工作，双方未订立书面劳动合同。2025年2月，谢某从该工厂离职。谢某的工资为按件计算，在职期间月平均工资8 500.00元。2025年3月，谢某提出劳动仲裁申请。该市劳动人事争议仲裁委员会仲裁裁决，该工厂需向谢某支付未签订书面劳动合同的两倍工资，差额6.00万元。

在该案件中，双方虽未签订书面劳动合同，但已形成事实劳动关系，劳动者的合法权益受法律保护，该厂给予谢某两倍工资合理合法。所以企业需要依法及时与劳动者签订劳动合同，HR 更是要清楚相关的法律后果，从而帮助企业避免此种情况的发生。

5.2.3　熟知劳动合同的签订事项

虽然现在网上有很多劳动合同模板，但是对于 HR 来说了解劳动合同的基本内容更为重要。根据《劳动合同法》第十七条规定："劳动合同应当具备以下条款：

（一）用人单位的名称、住所和法定代表人或者主要负责人；

（二）劳动者的姓名、住址和居民身份证或者其他有效身份证件号码；

（三）劳动合同期限；

（四）工作内容和工作地点；

（五）工作时间和休息休假；

（六）劳动报酬；

（七）社会保险；

（八）劳动保护、劳动条件和职业危害防护；

（九）法律、法规规定应当纳入劳动合同的其他事项。

劳动合同除前款规定的必备条款外，用人单位与劳动者可以约定试用期、培训、保守秘密、补充保险和福利待遇等其他事项。"

除此之外，在签订劳动合同的时候为了防止触犯法律底线，以及为了保护企业自身的合法权益，HR 还需要关注以下四个问题，见表 5-4。

表 5-4　签订合同需关注问题

关注问题	具体阐述
劳动报酬	劳动报酬是企业应付给员工的薪资，尤其要关注试用期的薪资。《劳动合同法》第十八条与第二十条对员工的薪酬作出了以下规定： 第十八条规定，劳动合同对劳动报酬和劳动条件等标准约定不明确，引发争议的，用人单位与劳动者可以重新协商；协商不成的，适用集体合同规定；没有集体合同或者集体合同未规定劳动报酬的，实行同工同酬；没有集体合同或者集体合同未规定劳动条件等标准的，适用国家有关规定。 第二十条规定，劳动者在试用期的工资不得低于本单位相同岗位最低档工资或者劳动合同约定工资的百分之八十，并不得低于用人单位所在地的最低工资标准

续上表

关注问题	具体阐述
劳动期限	劳动期限也是签订劳动合同时需要关注的问题，劳动期限不同，其试用期也不同，《劳动合同法》第十九条作出了如下规定： 劳动合同期限三个月以上不满一年的，试用期不得超过一个月；劳动合同期限一年以上不满三年的，试用期不得超过二个月；三年以上固定期限和无固定期限的劳动合同，试用期不得超过六个月。 同一用人单位与同一劳动者只能约定一次试用期。 以完成一定工作任务为期限的劳动合同或者劳动合同期限不满三个月的，不得约定试用期。 试用期包含在劳动合同期限内。劳动合同仅约定试用期的，试用期不成立，该期限为劳动合同期限
竞业限制	竞业限制是用人单位对负有保守用人单位商业秘密的劳动者，在劳动合同、知识产权权利归属协议或技术保密协议中约定的竞业限制条款。根据《劳动合同法》第二十四条，其相关规定如下： 竞业限制的人员限于用人单位的高级管理人员、高级技术人员和其他负有保密义务的人员。竞业限制的范围、地域、期限由用人单位与劳动者约定，竞业限制的约定不得违反法律、法规的规定。 在解除或者终止劳动合同后，前款规定的人员到与本单位生产或者经营同类产品、从事同类业务的有竞争关系的其他用人单位，或者自己开业生产或者经营同类产品、从事同类业务的竞业限制期限，不得超过二年
商业秘密	商业秘密是企业的重要信息，具有重要商业价值，HR 需要重点关注。根据《劳动合同法》第二十三条，其相关规定如下： 用人单位与劳动者可以在劳动合同中约定保守用人单位的商业秘密和与知识产权相关的保密事项。 对负有保密义务的劳动者，用人单位可以在劳动合同或者保密协议中与劳动者约定竞业限制条款，并约定在解除或者终止劳动合同后，在竞业限制期限内按月给予劳动者经济补偿。劳动者违反竞业限制约定的，应当按照约定向用人单位支付违约金

下面通过一个案例来了解合法约定劳动期限的重要性。

实例分析 超期限约定试用期的法律责任

2014 年 4 月张某被某企业录用，签订了为期两年的劳动合同，约定试用期四个月，试用期薪资每月 2 400.00 元，试用期之后工资每月 3 000.00 元。张某工作了六个月之后得知他的试用期超过了法律规定的期限，于是要求该企业赔偿。

遭到企业拒绝之后，张某到劳动保障监察部门投诉，要求单位支付赔偿金，最后劳动保障监察部门责令企业支付 6 000.00 元赔偿金。

该案例中企业与张某签订为期两年的劳动合同，约定试用期为四个月，违反了《劳动合同法》第十九条规定："……劳动合同期限一年以上不满三年的，试用期不得超过二个月……"且违法约定的试用期已经履行，该企业须支付赔偿金。

5.2.4 清楚劳动合同的效力

劳动合同的效力即劳动合同的法律约束力。根据《劳动合同法》第三条规定："……依法订立的劳动合同具有约束力，用人单位与劳动者应当履行劳动合同约定的义务。"劳动合同的效力包括以下两种：

一般效力：劳动关系当事人应当按照劳动合同确定的权利、义务自觉履行。

法律强制力：劳动合同一经生效就受到法律的保护。当事人一方不履行劳动合同的，另一方当事人可以通过申请有关行政机关或司法机关的强制执行来追究对方的法律责任。

劳动合同的生效是指具备有效要件的劳动合同按其意思表示的内容产生了法律效力，此时劳动合同的内容才对签约双方具有法律约束力。

《劳动合同法》第十六条第一款规定："劳动合同由用人单位与劳动者协商一致，并经用人单位与劳动者在劳动合同文本上签字或者盖章生效。"一般来说，双方在劳动合同上签字或者盖章即代表劳动合同成立并生效。但是，如果双方当事人根据特定的需要，在劳动合同中对生效的期限或者条件作出特别约定的，则当事人约定的期限或条件一旦成立，劳动合同即生效。除了具有效力之外，劳动合同也存在着无效或部分无效的情况，《劳动合同法》规定如下内容：

第二十六条规定："下列劳动合同无效或者部分无效：

（一）以欺诈、胁迫的手段或者乘人之危，使对方在违背真实意思的情况下订立或者变更劳动合同的；

（二）用人单位免除自己的法定责任、排除劳动者权利的；

（三）违反法律、行政法规强制性规定的。

…………"

同时，我国《劳动合同法》对劳动合同无效或部分无效的情况处理也有相关规定，见表 5-5。

表 5-5 劳动合同无效或部分无效情况的处理

内容	处理规定
劳动合同无效的认定主体	根据《劳动合同法》第二十六条规定，对劳动合同的无效或者部分无效有争议的，由劳动争议仲裁机构或者人民法院确认
劳动合同的部分无效	根据《劳动合同法》第二十七条规定，劳动合同部分无效，不影响其他部分效力的，其他部分仍然有效
无效劳动合同的报酬支付	根据《劳动合同法》第二十八条规定，劳动合同被确认无效，劳动者已付出劳动的，用人单位应当向劳动者支付劳动报酬。劳动报酬的数额，参照本单位相同或者相近岗位劳动者的劳动报酬确定
无效劳动合同的责任赔偿	《劳动合同法》第八十六条规定，劳动合同依照本法第二十六条规定被确认无效，给对方造成损害的，有过错的一方应当承担赔偿责任

下面来看一个案例。

实例分析 无效劳动合同的风险分析

某企业招聘招标采购合约部经理的职位，要求为"应聘者在中型房地产企业主导过招标、投标工作三年以上"。罗某应聘该职位填写的职位申请表上记载其在某地产企业有过上述工作经历，并签名承诺该表所填资料均属实，如有虚假或隐瞒，愿接受立即开除处分。2024年4月，罗某入职该企业担任招标采购合约部经理。2025年8月，该企业以罗某工作态度不好、工作出错且多次教育仍未改进为由解除劳动合同。

罗某要求其支付违法约定试用期的赔偿金、未休年休假工资，以及违法解除劳动合同的赔偿金。经法院查明，罗某在其职位申请表中填写的工作经历为虚假记载。法院判决认为罗某在应聘该企业时存在工作经历造假行为，构成欺诈，与该企业签订的劳动合同无效。

因该劳动合同无效属于自开始就无效，即从劳动合同签订之时起就没有法律效力，故罗某基于劳动关系诉求的超过法定试用期的赔偿金、未休年休假工资及违法解除劳动合同赔偿金均丧失合同基础，且上述项目均不属于劳动报酬，故判决驳回罗某全部诉讼请求。

虽然最后企业不需要赔偿罗某，但是该无效劳动合同也给用人单位造成了很多损失，包括花费时间的培养成本和机会成本等，所以 HR 需要认真对待合同的签订。

5.2.5 双重劳动关系是否合法

企业与劳动者签订劳动合同时应遵循自愿平等、协商一致的原则，同时还需要注意查验劳动者是否与其他单位还存在劳动关系，即是否存在双重劳动关系。根据《劳动部关于实行劳动合同制度若干问题的通知》规定："17.用人单位招用职工时应查验终止、解除劳动合同证明，以及其他能够证明该职工与任何用人单位不存在劳动关系的凭证，方可与其签订劳动合同。"

从理论上来说，我国还是实行"单一劳动关系"，但是我国法律也没有明文禁止劳动者具有双重劳动关系。下面就来了解一下双重劳动关系。

（1）双重劳动关系的常见情况

劳动者双重关系的常见情形如下所述：

①下岗、工伤、病休、内退职工另与其他用人单位建立劳动关系，但未转档案，社会保险仍由原用人单位缴纳。

②职工离职后未办妥手续就被其他用人单位聘用。

③劳动者利用休息时间到其他单位兼职。

④停薪留职、放长假或与原用人单位失去联系的劳动者到其他单位工作。

在双重劳动关系下劳动者也是享有一定权利的，发生工伤事故时，职工受到工伤事故伤害时为之工作的单位是工伤认定中的用人单位，也是承担工伤保险责任的单位。

另外，人力资源和社会保障部《实施〈中华人民共和国社会保险法〉若干规定》第九条规定："职工（包括非全日制从业人员）在两个或者两个以上用人单位同时就业的，各用人单位应当分别为职工缴纳工伤保险费。职工发生工伤，由职工受到伤害时工作的单位依法承担工伤保险责任。"这也明确了双重劳动关系中是可以存在双重工伤保险关系的，劳动者可以参加两份工伤保险，只是享受待遇时只能选择其中一份。

（2）双重劳动关系的风险

虽然我国法律没有禁止双重劳动关系，但企业招用双重劳动关系人员却存在着以下风险：

对前用人单位连带赔偿风险：根据《劳动合同法》第九十一条规定，用人单位招用与其他用人单位尚未解除或者终止劳动合同的劳动者，给其他用人单位造成损失的，应当承担连带赔偿责任。

工伤赔付的风险：一般而言，劳动者的原用人单位已为其购买了社会保险，社会保险也无法重复办理，导致后建立劳动关系的用人单位难以为劳动者购买保险（尤其是工伤保险），这样一旦劳动者在未缴纳工伤保险费的用人单位发生工伤，就不能从工伤保险基金处获得工伤保险赔偿，或者说发生工伤的用人单位就免不了承担本可以由工伤保险基金承担的相关赔偿责任。

（3）如何避免双重劳动关系

企业可参考以下措施来避免双重劳动关系。

加强招聘录用环节的审核：在招聘录用新员工时，企业可从以下四个方面加强招聘审核。

①在录用条件上阐明，尚未与其他单位解除劳动关系、办理终止手续的情形属于不符合录用条件，用人单位可随时在试用期内解除劳动合同。

②在面试过程中，应询问对方是否与其他单位存在劳动关系、是否还存在未了结的债权债务情况。

③要求劳动者正式入职前提交其与前用人单位解除、终止劳动关系的证明材料，并进一步电话核实。

④在员工手册中阐明，若员工与其他单位存在劳动关系，用人单位有权单方面解除劳动合同。

签订书面劳动合同和购买社会保险：针对已存在双重劳动关系的员工，用人单位应与员工签订书面劳动合同，避免被劳动者主张双倍工资的风险；用人单位应为员工购买社会保险，尤其是工伤保险，避免因员工工伤导致承担高昂的赔偿责任，同时也能快速查出其是否存在双重劳动关系。

减少使用存在双重劳动关系的职工：用人单位应尽量减少聘用存在双重劳动关系的员工，尽量只在非全日制用工模式下使用存在双重劳动关系的人员，避免既是全日制用工又存在双重劳动关系的用工模式。

下面通过一个案例来了解双重劳动关系的风险。

实例分析 双重劳动关系的风险分析

周某于1995年3月进入某省某地质大队工作，岗位为钻探中级工，2016年办理病保，月工资为1 648.40元，并由地质大队发放工资。同时地质大队至今有在为其缴交相关社会保险和医疗保险。因其病保在家，2021年2月28日周某与某行政单位签订了一份"临时人员聘用合同"，合同有效期自2021年3月1日至2021年12月31日止。合同到期后，周某继续在该行政单位工作，双方至今未再签订书面聘用合同。该单位于2024年11月辞退周某，周某认为其辞退违法，为此于2025年3月30日向当地劳动争议仲裁委员会申请仲裁。因周某不服裁决，为此诉至法院。

经法院审理认为，根据《劳动合同法》第七条规定，用人单位自用工之日起即与劳动者建立劳动关系。只要符合用工主体资格的用人单位使用了劳动者的劳动力，就与劳动者建立了劳动关系，而不论劳动者在此之前是否与其他企业建立劳动关系，因此本案中应属劳动关系而非劳务关系。

该行政单位单方解除与原告的劳动合同，并未就辞退原因举证证明合法，其行为违反了《劳动合同法》的相关规定，应当依照《劳动合同法》第四十七条规定的经济补偿金标准的两倍向劳动者支付赔偿金。

从上述案例可以看出，招用存在双重劳动关系的劳动者存在的风险不仅是经济赔偿，还包括仲裁、诉讼等无形中给企业制造的很多麻烦，所以企业决定录用双重劳动关系者时需要谨慎。

5.2.6　企业可以收取保证金吗

有不少企业为了自身的利益，在签订劳动合同时会变相向劳动者收取一定的押金、保证金等额外费用。《劳动合同法》第九条规定："用人单位招用劳动者，不得扣押劳动者的居民身份证和其他证件，不得要求劳动者提供担保或者以其他名义向劳动者收取财物。"

第八十四条规定："……用人单位违反本法规定，以担保或者其他名义向劳动者收取财物的，由劳动行政部门责令限期退还劳动者本人，并以每人五百元以上二千元以下的标准处以罚款；给劳动者造成损害的，应当承担赔偿责任……"

下面来看一个案例。

实例分析　**收取劳动者押金的责任承担**

刘某于2024年到一家单位工作，入职时单位向他收取服装费1 000.00元。事后刘某了解到该服装费是不合规的，便向劳动部门反映了该情况。不久后，刘某接到单位通知，领取退还的1 000.00元。他要求单位支付从收取押金之日到实际退还之日的利息遭到拒绝。为此，刘某将单位告上法庭。

经法院审理认为，该单位违规收取服装押金，应对给原告造成的损失承担赔偿责任，刘某的损失可认定为存款利息损失。法院一审判决该单位赔偿刘某押金1 000.00元及相关利息，利息按中国人民银行同期存款利率计算。

由上述案例可看出，用人单位不能抱着侥幸心理收取押金、保证金，因为这属于违法行为。

5.3 劳动合同的履行与变更

劳动合同一经签订，权利双方都需要按照合同约定履行相关义务。同时，劳动合同也不是一签订就不能改变的，在某些情况下，劳动合同的内容也会发生变更。

5.3.1 劳动者享有哪些权利

在劳动合同履行过程中，劳动者主要享有以下权利，见表5-6。

表5-6　劳动者享有的权利

权　利	具体阐述
劳动报酬	劳动报酬是劳动者在劳动关系中享有的基本的、核心的权利，也是劳动者通过劳动所要实现的最直接、最切实的利益。支付劳动报酬是用人单位应承担的保护劳动者财产权的义务。根据《劳动合同法》第三十条规定，用人单位应当按照劳动合同约定和国家规定，向劳动者及时足额支付劳动报酬。用人单位拖欠或者未足额支付劳动报酬的，劳动者可以依法向当地人民法院申请支付令，人民法院应当依法发出支付令。 其中支付令是指人民法院根据债权人提出的要求债务人支付一定金钱或者有价证券的申请，向债务人发出附有条件的支付令，以催促债务人限期履行义务。 用人单位未履行支付劳动报酬义务可能产生赔偿金责任。用人单位未按照劳动合同的约定或者国家规定及时足额支付劳动者劳动报酬的；低于当地最低工资标准支付劳动者工资的；安排加班不支付加班费的；解除或者终止劳动合同，未依照本法规定向劳动者支付经济补偿的，由劳动行政部门责令限期支付劳动报酬、加班费或者经济补偿。劳动报酬低于当地最低工资标准的，应当支付其差额部分。逾期不支付的，用人单位应按应付金额百分之五十以上百分之一百以下的标准向劳动者加付赔偿金
休息休假	休息休假权是劳动者健康权和生命权的保障。根据《劳动合同法》第三十一条规定，用人单位应当严格执行劳动定额标准，不得强迫或者变相强迫劳动者加班。用人单位安排加班的，应当按照国家有关规定向劳动者支付加班费

续上表

权　利	具体阐述
安全卫生权	安全卫生权是保护劳动者生命安全和身体健康的权利。根据《劳动合同法》第三十二条规定，劳动者拒绝用人单位管理人员违章指挥、强令冒险作业的，不视为违反劳动合同。劳动者对危害生命安全和身体健康的劳动条件，有权对用人单位提出批评、检举和控告
特殊情形下劳动合同的履行	①用人单位变更名称、法定代表人等时劳动合同的履行。 根据《劳动合同法》第三十三条规定，用人单位变更名称、法定代表人、主要负责人或投资人等事项，不影响劳动合同的履行。 ②用人单位合并或分立时劳动合同的履行。 根据《劳动合同法》第三十四条规定，用人单位发生合并或者分立等情况，原劳动合同继续有效，劳动合同由承继其权利和义务的用人单位继续履行。 ③劳动合同履行地与用人单位注册地不一致时劳动标准的适用选择。 根据《中华人民共和国劳动合同法实施条例》（以下简称《劳动合同法实施条例》）第十四条规定，劳动合同履行地与用人单位注册地不一致的，有关劳动者的最低工资标准、劳动保护、劳动条件、职业危害防护和本地区上年度职工月平均工资标准等事项，按照劳动合同履行地的有关规定执行；用人单位注册地的有关标准高于劳动合同履行地的有关标准，且用人单位与劳动者约定按照用人单位注册地的有关规定执行的，从其约定

下面来看一个案例。

实例分析 不支付加班费，侵犯了劳动者的权益吗

2021年9月，曹某与某企业签订三年期劳动合同，月薪4 800.00元。合同到期时曹某向企业表示，自己2022年法定假加班七天，2023年法定假加班五天，2024年法定假加班两天，要求企业支付加班工资，但是该企业拒绝支付法定假加班费。于是曹某向仲裁委员会申请仲裁，最终经相关部门进一步审理认为用人单位依法安排劳动者在法定休假日工作的，应当按照不低于劳动合同的劳动者本人日或小时工资标准的300%支付劳动者工资，因此该企业需支付曹某加班工资。

企业安排劳动者在法定节假日加班的，没有补休或调休，且未支付员工加班工资的，侵犯了劳动者应当享有的权利，应当依法向劳动者支付加班工资。

5.3.2　劳动合同变更的条件

在劳动合同的履行过程中，由于市场条件的不断变化，使得订立劳动合同

所依据的情况也会发生变化，就可能需要用人单位与劳动者双方对劳动合同中的部分内容进行适当调整。但劳动合同的变更是在原合同的基础上对部分内容进行修改、补充或者删减，而不是签订新的劳动合同，所以原劳动合同未变更的部分仍然有效，变更后的内容就取代了原合同的相关内容，对双方当事人都有约束力。

一般情况下，只要用人单位与劳动者协商一致，即可变更劳动合同约定的内容。除此之外，以下四种情形可以变更劳动合同的内容：

①劳动者患病或者非因工负伤，劳动者在规定的医疗期满后不能从事原工作，用人单位应当与劳动者协商另行安排适当的工作，并因此相应变更劳动合同的内容。

②劳动者不能胜任工作，用人单位应当对其进行培训或者调整工作岗位，使劳动者适应工作要求并相应变更劳动合同的内容。

③劳动合同订立时所依据的客观情况发生重大变化，致使劳动合同无法履行的，用人单位应当与劳动者协商，就变更劳动合同内容达成协议。

④企业转产、重大技术革新或者经营方式调整，用人单位应当与劳动者协商变更劳动合同。

当出现上述四种情形时，用人单位不能直接解除劳动合同，而应先与劳动者协商变更劳动合同。在变更劳动合同时，还应注意以下问题：

必须在劳动合同依法订立之后变更：在合同没有履行或者尚未履行完毕之前的有效时间内进行变更，即劳动合同双方当事人已经存在劳动合同关系的情况下才能变更。

必须坚持平等自愿、协商一致的原则：即劳动合同的变更必须经用人单位和劳动者双方当事人的同意。劳动合同关系是通过劳动者与用人单位协商一致而形成的，其变更也应通过双方协商一致才能进行，单方面变更劳动合同的行为是无效的。

必须合法：不得违反法律、法规的强制性规定，劳动合同变更不是随意的，用人单位和劳动者约定变更的内容必须符合国家法律、法规的相关规定。

必须采用书面形式：劳动合同双方当事人经协商后对劳动合同中约定内容的变更达成一致意见时，必须形成变更劳动合同的书面协议，任何口头形式达成的变更协议都是无效的。

变更要及时：提出变更劳动合同的主体可以是用人单位，也可以是劳动者，无论是哪一方要求变更劳动合同，都应当及时向对方提出变更劳动合同的要求，说明变更劳动合同的理由、内容和条件等。如果应该变更的劳动合同内容没有及时变更，由于原定条款继续有效，往往使劳动合同不适应变化后的新情况，从而引起不必要的争议。

5.4 劳动合同的解除与终止

劳动合同解除与终止也是很容易产生劳动纠纷的一个环节，HR 需要了解什么情况下可以解除或者终止劳动合同，以避免劳动纠纷的产生。

5.4.1 什么情况下可以解除劳动合同

劳动合同的解除主要包括当事人双方协商一致解除、劳动者单方解除和用人单位单方解除三种情况。

（1）当事人双方协商一致解除

当事人双方协商一致解除劳动合同也叫约定解除，《劳动合同法》第三十六条规定："用人单位与劳动者协商一致，可以解除劳动合同。"但是需要满足以下四个条件，如图 5-1 所示。

1	协商解除的劳动合同是双方当事人合法订立且已生效的
2	协商解除是在被解除的劳动合同依法订立生效之后，全部履行之前
3	当事人双方协商解除要在自愿、平等的基础上达成一致
4	双方均有权提出解除劳动合同

图 5-1　协商一致解除劳动合同需满足的条件

此外，根据提出解除方的不同，需要支付的经济补偿也不同。用人单位提出解除劳动合同并与劳动者协商一致的，用人单位需要向劳动者支付经济补偿。而由劳动者提出解除劳动合同协议并与用人单位协商一致的，用人单位一般不需要向劳动者支付经济补偿。下面来看一个案例。

实例分析 当事人双方协商一致解除劳动合同

2022年9月，王某入职某企业，签订了无固定期限劳动合同。2024年11月该企业提出与王某解除劳动合同，经过双方协商之后，王某于11月20日通过电子邮件向企业提交了辞职信，且该企业收到并确认了王某的离职信息，并约定11月20日到12月20日这期间为工作交接期，薪资还是正常发放。

2024年12月20日该企业邮件通知王某自2024年12月21日起不用再到企业上班了，王某却不同意辞职，认为虽然提交了辞职信，但并不是自愿想离职的，故主张该企业需要赔付经济补偿金。

经法院审理认为，王某与该企业是经过协商一致决定解除劳动合同的，并对辞职信中所载明的双方权利义务都予以了确认，该企业也按规定向王某支付了工资。故认为王某与该企业之间的劳动合同是因王某的主动辞职而解除的，驳回了王某的诉讼请求。

从上述案例可以看出，王某虽然事后不同意离职，要求企业支付赔偿金，但是在此之前双方决定解除劳动合同是协商一致之后同意的，故法院驳回了王某的诉求。

（2）劳动者单方解除

劳动者在符合法律规定的情形下，可以单方面提出解除劳动合同，主要包括以下三种情况，见表5-7。

表5-7 劳动者单方解除劳动合同的情形

情　形	具体阐述
提前三日或三十日通知	根据《劳动合同法》第三十七条规定，劳动者提前三十日以书面形式通知用人单位，可以解除劳动合同。劳动者在试用期内提前三日通知用人单位，可以解除劳动合同
随时解除劳动合同	根据《劳动合同法》第三十八条规定，用人单位有下列情形之一的，劳动者可以解除劳动合同： （一）未按照劳动合同约定提供劳动保护或者劳动条件的； （二）未及时足额支付劳动报酬的； （三）未依法为劳动者缴纳社会保险费的； （四）用人单位的规章制度违反法律、法规的规定，损害劳动者权益的； （五）因本法第二十六条第一款规定的情形致使劳动合同无效的； （六）法律、行政法规规定劳动者可以解除劳动合同的其他情形

续上表

情　形	具体阐述
立即解除劳动合同	根据《劳动合同法》第三十八条第二款规定，用人单位以暴力、威胁或者非法限制人身自由的手段强迫劳动者劳动的，或者用人单位违章指挥、强令冒险作业危及劳动者人身安全的，劳动者可以立即解除劳动合同，不需事先告知用人单位

下面来看一个案例。

实例分析 劳动者单方面解除劳动合同

张某是深圳某科技公司的员工，在职期间公司未足额为其缴纳社会保险，且提出主张之后该公司在一个月之内未依法进行补偿，张某于是提出解除劳动合同，并要求公司支付经济补偿。仲裁委员会作出裁决，支持了张某经济补偿诉求，且该裁决为终局裁决。

该科技公司不服，认为"用人单位未依法为劳动者缴纳社会保险"并不包括未足额缴纳的情形，故向中级人民法院申请撤销该裁决。经中级人民法院审理认为，该公司在张某要求之日起一个月内未按照规定为张某足额补缴社保，应承担相应的法律责任。张某以公司未足额、依法购买社保被迫解除劳动关系为由主张解除劳动关系的经济补偿金，符合法律规定，遂驳回该科技公司撤销仲裁裁决的申请。

由此可见，用人单位未依法为劳动者缴纳社会保险，包括了用人单位未足额缴纳且在规定时间内未补缴的情形。

（3）用人单位单方解除

不仅劳动者有权提出解除合同，发生以下事项时（表5-8），用人单位也可以提出解除劳动合同。

表 5-8 用人单位单方解除劳动合同的情形

情　形	具体阐述
劳动者有过错	因劳动者的过错用人单位单方解除劳动合同主要包括以下六种情形： （一）在试用期间被证明不符合录用条件的； （二）严重违反用人单位的规章制度的； （三）严重失职，营私舞弊，给用人单位造成重大损害的； （四）劳动者同时与其他用人单位建立劳动关系，对完成本单位的工作任务造成严重影响，或者经用人单位提出，拒不改正的； （五）因本法第二十六条第一款第一项规定的情形致使劳动合同无效的； （六）被依法追究刑事责任的
劳动者无过错	当劳动者无过错且符合以下三种情况，用人单位应提前三十日以书面形式通知劳动者本人或者额外支付劳动者一个月工资后，可解除劳动合同： （一）劳动者患病或者非因工负伤，在规定的医疗期满后不能从事原工作，也不能从事由用人单位另行安排的工作的； （二）劳动者不能胜任工作，经过培训或调整工作岗位，仍不能胜任工作的； （三）劳动合同订立时所依据的客观情况发生重大变化，致劳动合同无法履行，经用人单位与劳动者协商，未能就变更劳动合同内容达成协议的

用人单位在打算通知劳动者解除劳动合同时，还需要注意以下一些举证责任问题：

（1）劳动者医疗期满后仍然不能从事原来的工作

需要注意的是，医疗期满后，劳动者不能从事原来工作的，用人单位仍不能解除劳动合同，只有用人单位为劳动者另行安排工作，劳动者仍然不能胜任的，用人单位才可以解除劳动合同。因此用人单位需要对劳动者不能从事原来的工作进行举证。

（2）劳动者被证明不能胜任工作

劳动者被证明不能胜任工作而解除劳动合同的，需满足以下两个条件：

①劳动者被证明不能胜任工作。不能胜任工作是指有证据表明，劳动者不能按要求完成劳动合同中约定的工作任务或工作量。这要求用人单位在与劳动者签订劳动合同时明确员工的工作内容；特定行业的，还需要明确工作量。

②经培训或者调岗后，仍不能胜任工作的。就是说用人单位必须先培训，或者调岗，如还不能满足新的岗位要求，则可以解除劳动合同。需要指出的是，用人单位必须要能证明劳动者不能胜任工作。为防止在解除劳动合同时发生举

证不能的风险，用人单位需在劳动合同中或在岗位说明书中确定员工的工作量，如果发生培训员工事宜的，还需保存相应的培训资料。

（3）劳动合同订立时所依据的客观情况发生重大变化

劳动合同订立时所依据的客观情况发生重大变化，致使劳动合同解除的，需要满足以下两个条件：

①要证明客观情况发生重大变化致使原劳动合同无法履行：客观情况发生变化是指发生不可抗力或出现导致劳动合同全部或部分条款无法履行的情况，如单位迁移、被兼并和被上级主管部门撤销等情况。如果当事人就某一种情形的出现是否属于"客观情况发生重大变化"认识不一致，应由劳动争议仲裁机构和法院裁定。

②要证明未能就变更劳动合同内容或者中止劳动合同达成协议：用人单位确因客观情况发生重大变化需要解除劳动合同时，要与员工进行沟通和协商，只有经协商无法就变更劳动合同达成一致意见，用人单位才可以解除劳动合同。

《劳动合同法》第四十二条规定："劳动者有下列情形之一的，用人单位不得按照本法第四十条、第四十一条的规定解除劳动合同：

（一）从事接触职业病危害作业的劳动者未进行离岗前职业健康检查，或者疑似职业病病人在诊断或者医学观察期间的；

（二）在本单位患职业病或因工负伤并被确认丧失或部分丧失劳动能力的；

（三）患病或者非因工负伤，在规定的医疗期内的；

（四）女职工在孕期、产期、哺乳期的；

（五）在本单位连续工作满十五年，且距法定退休年龄不足五年的；

（六）法律、行政法规规定的其他情形。"

下面来看一个案例。

实例分析 用人单位单方解除劳动合同

2024年7月，某网络公司发布招聘启事，招聘计算机工程专业大学本科以上学历的网络技术人员。赵某为销售专业，但向该公司提交了假的计算机工程专业大学本科学历的学历证书、个人履历等材料，与该公司签订了劳动合同，进入该公司从事网络技术工作。

后来该公司发现赵某学历造假，提出解除劳动合同，赵某不同意，向仲裁委员会申请仲裁，仲裁委员会驳回了赵某的请求。

此案例中，赵某简历造假属于欺诈行为，严重违背了劳动合同法的相关规定，用人单位可单方面提出解除劳动合同。

5.4.2　什么情况下可以终止劳动合同

劳动合同的解除是由于双方协商一致或单方提出的解除，而劳动合同的终止则是由于客观情况决定的。《劳动合同法》第四十四条规定："有下列情形之一的，劳动合同终止：

（一）劳动合同期满的；

（二）劳动者开始依法享受基本养老保险待遇的；

（三）劳动者死亡，或者被人民法院宣告死亡或者宣告失踪的；

（四）用人单位被依法宣告破产的；

（五）用人单位被吊销营业执照、责令关闭、撤销或者用人单位决定提前解散的；

（六）法律、行政法规规定的其他情形。"

除了上述事项，根据《劳动合同法》第四十五条规定："劳动合同期满，有本法第四十二条规定情形之一的，劳动合同应当续延至相应的情形消失时终止。但是，本法第四十二条第二项规定丧失或者部分丧失劳动能力劳动者的劳动合同的终止，按照国家有关工伤保险的规定执行。"

5.4.3　解除与终止劳动合同需要进行补偿吗

根据解除与终止的情形不同，其补偿情况也不同，根据劳动合同法的相关规定，以下情况用人单位需要对劳动者进行补偿，见表5-9。

表5-9　解除与终止劳动合同的补偿情形及标准

内　容	具体阐述
补偿情形	①双方协商一致解除的； ②劳动者单方解除的； ③用人单位单方解除且劳动者无过错的； ④除用人单位维持或提高劳动合同约定条件续订劳动合同，劳动者不同意续订情形外，固定期限劳动合同期满导致劳动合同终止的； ⑤用人单位被依法宣告破产的； ⑥用人单位被吊销营业执照、责令关闭、撤销或用人单位决定提前解散的； ⑦以完成一定工作任务为期限的劳动合同因任务完成而终止的； ⑧法律、行政法规规定的其他情形

续上表

内 容	具体阐述
补偿标准	①经济补偿按劳动者在单位工作的年限，每满一年支付一个月工资的标准向劳动者支付； ②六个月以上不满一年的，按一年计算；不满六个月的，向劳动者支付半个月工资的经济补偿； ③劳动者月工资高于用人单位所在直辖市、设区的市级人民政府公布的本地区上年度职工月平均工资三倍的，向其支付经济补偿的标准按职工月平均工资三倍的数额支付，年限最高不超过十二年

下面来看一个案例。

实例分析 劳动合同期满是否需支付经济补偿

2021年1月，李某入职某商贸公司，月工资为5 000.00元，双方签订了为期两年的劳动合同。2023年12月，公司通知李某劳动合同将于次月到期，到期后公司不再续签。2024年1月，公司再次通知李某，要求其于劳动合同期满后一周内办理离职手续，李某则要求公司支付经济补偿金，公司以劳动合同自然终止而非协商解除为由，拒绝支付经济补偿金。双方协商无果，李某向当地仲裁委员会申请劳动仲裁，要求公司支付10 000.00元的经济补偿金。经审理，仲裁委员会支持了李某的诉求，裁决公司支付李某10 000.00元经济补偿金。

在此案例中，虽然李某与该公司的劳动关系是自然终止的，但是根据劳动合同法的规定，除用人单位维持或者提高劳动合同约定条件续订劳动合同，劳动者不同意续订的情形外，依照《劳动合同法》第四十四条第一项规定终止固定期限劳动合同的，用人单位也需要向劳动者支付经济补偿金。

5.5 人力资源法律风险防范

法律风险贯穿人力资源管理工作的全过程，HR应了解有哪些常见法律风险及如何防范这些法律风险。

5.5.1 HR工作中有哪些法律风险

HR在进行日常管理工作时，需要注意容易产生法律风险的环节，如招聘、劳动合同管理等环节，以下是常见的法律风险：

（1）劳动者欺诈风险

部分企业由于急于招人，使得招聘过程简单化、形式化，不注重审查入职人员的有效证件，如学历证、资格证书等，导致劳动合同无效，给企业带来经济损失。

（2）用人单位未履行或无法证明已履行告知义务

企业的发展离不开规章制度，合法合理的规章制度是企业管理的依据。同时，作为规章制度适用对象的全体员工也有权知道企业的规章制度是怎样的，企业也应履行告知义务。但是在实际管理过程中，有些企业会为了省事而不将规章制度告知员工或者无法证明自己已将规章制度告知员工，从而给自身带来麻烦。

《劳动合同法》第四条规定："用人单位应当依法建立和完善劳动规章制度，保障劳动者享有劳动权利、履行劳动义务……用人单位应当将直接涉及劳动者切身利益的规章制度和重大事项决定公示，或者告知劳动者。"

《关于审理劳动争议案件适用法律若干问题的解释（一）》第五十条规定："用人单位根据劳动合同法第四条规定，通过民主程序制定的规章制度，不违反国家法律、行政法规及政策规定，并已向劳动者公示的，可以作为确定双方权利义务的依据……"都对用人单位的告知义务作出了规定。

下面来看一个案例。

实例分析 用人单位无法证明已履行告知义务

2023 年 3 月，刘某入职某企业设计岗位。2023 年底，该企业公布年终考评结果，显示刘某为年终考评情况汇总表内人员最低分，该企业对其劝退无果，决定依据员工手册中的规定对其降职降薪。2024 年 4 月刘某拒不参加该企业组织的相关培训，累计旷工 15 天，该企业遂与刘某解除劳动合同。刘某不服，以该企业拖欠薪资、违法解除劳动合同为由申请仲裁，要求该企业支付工资差额和赔偿金等。

经仲裁机构裁决后，双方均不服，遂诉至法院。经法院审理，对刘某调岗降薪是否合法的问题，该企业无法举证证明已将员工手册的相关内容告知刘某，故对刘某调岗降薪无事实依据，对该企业的上诉请求，即不予支付刘某的工资差额与事实和法律规定不符，不予支持。

从以上案例可以看出，虽然该企业是依据员工手册的规定对刘某实行降职调薪，但是无法举证证明，最终导致诉求被驳回。

（3）试用期不购买社会保险

部分企业为了通过试用期判断员工是否胜任工作而不予缴纳社会保险，但我国《社会保险法》第五十八条规定："用人单位应当自用工之日起三十日内为其职工向社会保险经办机构申请办理社会保险登记。未办理社会保险登记的，由社会保险经办机构核定其应当缴纳的社会保险费……"下面来看一个案例。

实例分析 试用期可以不给员工购买社会保险吗

2024年9月，陈某入职北京市某科技公司，双方签订为期3年的劳动合同，约定试用期6个月。2024年11月，陈某发现自己的社保卡不能用，遂向公司人事部询问，人事部称根据员工手册规定，试用期不为员工缴纳社保，转正之后才缴纳，且陈某已在员工手册上签字。陈某以该公司未缴纳社会保险为由提出解除劳动合同，并要求该公司支付经济补偿和缴纳社会保险费。该公司拒绝，陈某遂提出仲裁。

该公司以员工手册已经载明该事项且陈某已经签字为由，认为不违反法律规定，陈某认为虽然是自己的失误没有仔细阅读员工手册，但是也不能断缴社保。仲裁庭审理后认为，缴纳社会保险费是用人单位的法定义务，且陈某以公司未缴纳社会保险费为由提出解除劳动合同并要求该公司支付经济补偿也符合《劳动合同法》的规定，科技公司应予以支付。

由此可以看出，用人单位应依法履行自己的法定义务，不能抱有侥幸心理而不给试用期员工缴纳社保。

5.5.2 如何防范人力资源法律风险

法律风险虽然是不可避免的，但是可以通过一定的措施来防范。对于HR来说可从以下五个方面着手，从而降低企业的法律风险，见表5-10。

表 5-10　防范人力资源法律风险的措施

人力资源管理环节	具体措施
招聘	HR 应严格按照招聘程序实施招聘，加强对劳动者的入职审查，必要的还需要进行背景调查
劳动合同管理	建立并完善合理的劳动合同管理制度，依法与劳动者签订劳动合同；不可单方面变更劳动合同的内容，变更时需与劳动者协商
试用期	依法约定试用期时长，不随意解除劳动合同，在试用期不合格或者达到其他法定条件时再解除劳动合同；依法为员工购买社会保险；保留不合格员工的工作证据，以防无法举证
薪资福利管理	按照劳动合同的约定及时发放员工薪资，依法为员工缴纳社会保险及按规定发放相应补贴等
规章制度	制定合法合规的规章制度，履行告知劳动者的义务，并保留相关证据

第6章

及时处理工伤应急情况

企业在经营过程中难免会遇到工伤事故，作为 HR 需要知道如何处理好工伤应急情况，并且了解其中的法律风险，防患于未然。

6.1 工伤认定的范围

工伤范围是工伤认定的前提，在进行工伤认定前需要了解工伤认定的范围。

6.1.1 典型的工伤情形

《工伤保险条例》第十四条规定："职工有下列情形之一的，应当认定为工伤：

（一）在工作时间和工作场所内，因工作原因受到事故伤害的；

（二）工作时间前后在工作场所内，从事与工作有关的预备性或收尾性工作受到事故伤害的；

（三）在工作时间和工作场所内，因履行工作职责受到暴力等意外伤害的；

（四）患职业病的；

（五）因工外出期间，由于工作原因受到伤害或发生事故下落不明的；

（六）在上下班途中，受到非本人主要责任的交通事故或城市轨道交通、客运轮渡、火车事故伤害的；

（七）法律、行政法规规定应当认定为工伤的其他情形。"

第一种，可以看出工作时间、工作场所和工作原因是工伤认定的三个基本要素，对这三个要素的认定，需要考虑以下问题：

工作时间：对"工作时间"的认定应当考虑是否属于因工所需，不仅包括劳动者的实际工作时间，也包括某些与工作有关的非实际工作时间，如因用人单位的原因造成的等待工作时间、单位延长劳动者的时间等。

工作场所：对"工作场所"的认定应当考虑是否属于因为工作涉及的区域及其延伸区域，包括职工日常固定的工作场所及其附属建筑，还包括受用人单位指示从事工作的其他场所。

工作原因：对"工作原因"的认定应当考虑是否属于履行工作职责、是否与工作岗位相关等。

为了妥善处理因工伤认定引发的劳动争议，《最高人民法院关于审理工伤保险行政案件若干问题的规定》中，对工伤认定中的"工作时间""工作场所"和"工作原因"作了进一步解释，如下所述：

第四条规定："社会保险行政部门认定下列情形为工伤的，人民法院应予支持：

（一）职工在工作时间和工作场所内受到伤害，用人单位或者社会保险行政部门没有证据证明是非工作原因导致的；

（二）职工参加用人单位组织或者受用人单位指派参加其他单位组织的活动受到伤害的；

（三）在工作时间内，职工来往于多个与其工作职责相关的工作场所之间的合理区域因工受到伤害的；

（四）其他与履行工作职责相关，在工作时间及合理区域内受到伤害的。"

下面来看一个案例。

实例分析 工作场所发生高空坠亡，算工伤吗

张某是某企业的机修工，2024年11月某日下午5时20分，张某与同事一起至办公区楼顶打扫卫生完毕后，其余同事均返回企业休息室休息，张某独自留在楼顶，其间从楼顶坠落。张某送医抢救无效，于当日死亡。死亡原因记载为创伤性呼吸心脏骤停。后企业提出工伤认定申请。

经审核，不予认定为工伤。监控显示，张某是独自逗留在顶楼转悠、玩手机，下午5时30分左右，张某将手机放在口袋里，双手握住护栏栏杆，将头伸到护栏外，不小心从楼顶坠落。此时，张某日常维修机器、打扫卫生的行为已经结束，其翻越栏杆的行为与工作无关，故不属于因工作原因，不能认定为工伤。

职工在用人单位受到的伤害并不是所有都称为工伤事故，需要认定"工作

时间""工作场所"和"工作原因"这三个因素，所以 HR 了解一些法律常识是有益的。

第二种，由于工作性质的不同，对于某些具有连贯性的工作，需要在工作前后做好准备或收尾工作，虽然此时还没有正式进行工作或者已经结束工作了，但仍与工作存在直接联系，故在此期间在工作场所受到伤害也属于工伤认定的范围。下面来看一个案例。

实例分析 上下班途中摔伤，算工伤吗

王某是某企业的员工，因其工作的大楼楼下在施工，王某在上班打卡的路上不慎摔伤。该企业认为王某受伤时还未打卡考勤，不能算进入工作场所，不符合工伤认定的条件。

但是工作场所不仅指员工实际工作的场所，也包括为了完成某项工作所涉及的场所。而上班打卡是为了完成企业的考勤任务，也属于工作前的预备工作，故也应当认为是工伤。

第三种，因履行工作职责受到暴力等意外伤害主要是指受到暴力等意外伤害与履行工作职责二者之间存在因果关系，包括以下情形：

在工作时间和工作场所内，职工因履行工作职责而与第三人发生冲突，受到第三人暴力侵害的情形。如保安在履行工作职责时与外来人员发生冲突导致受伤。

在工作时间和工作场所内，职工因履行工作职责而受到其他意外伤害的情形，如地震、火灾等自然灾害。

第四种，职业病是指用人单位的劳动者在工作过程中，因接触粉尘、放射性物质和其他有害物质而引起的疾病。职业病是劳动者长期接触有害物质而导致的，《中华人民共和国职业病防治法》（以下简称《职业病防治法》）第四十六条规定："……没有证据否定职业病危害因素与病人临床表现之间的必然联系的，应当诊断为职业病……"

第五种，职工因工外出也属于"工作时间"的一种特殊情形，在外出期间，发生意外事故受到伤害或者发生事故下落不明，经人民法院宣告死亡的，也应当认定为工伤。《最高人民法院关于审理工伤保险行政案件若干问题的规定》第五条规定："社会保险行政部门认定下列情形为'因工外出期间'的，人民法院应予支持：

（一）职工受用人单位指派或者因工作需要在工作场所以外从事与工作职责有关的活动期间；

（二）职工受用人单位指派外出学习或者开会期间；

（三）职工因工作需要的其他外出活动期间。

职工因工外出期间从事与工作或者受用人单位指派外出学习、开会无关的个人活动受到伤害，社会保险行政部门不认定为工伤的，人民法院应予支持。"

第六种，为了更好地保护劳动者，减少劳动纠纷，我国法律没有对职工上下班的时间和路线作出具体的限制，只要是上下班的正常时间、正常路线内即可。同样，《最高人民法院关于审理工伤保险行政案件若干问题的规定》中第六条规定："对社会保险行政部门认定下列情形为'上下班途中'的，人民法院应予支持：

（一）在合理时间内往返于工作地与住所地、经常居住地、单位宿舍的合理路线的上下班途中；

（二）在合理时间内往返于工作地与配偶、父母、子女居住地的合理路线的上下班途中；

（三）从事属于日常工作生活所需要的活动，且在合理时间和合理路线的上下班途中；

（四）在合理时间内其他合理路线的上下班途中。"

下面来看一个案例。

实例分析 提前离开岗位途中发生交通事故，算工伤吗

白某是某企业工作人员，2024年5月6日白某未向企业请假提前下班，在驾驶摩托车回家的路上与另一辆摩托车相撞，造成白某抢救无效死亡，经交警部门认定白某承担事故的次要责任。白某的亲属就此向人社局提出工伤认定申请，人社局认为不符合《工伤保险条例》第十四条、第十五条认定工伤或者视同工伤的情形，决定不予认定工伤。白某亲属不服，提起诉讼，法院判决撤销人社局不予认定工伤决定书的行为，判决生效后，人社局重新进行了核实，认为白某受到的交通事故伤害算工伤。该企业不服，再次提起诉讼，最终被驳回了诉求，维持原判。

可以看出，此案例的争议比较大，虽然白某提前离岗违反了用人单位的规章制度，但此交通事故是发生在白某提前下班回家的"合理时间"和"合理路

线"内，且不属于白某的主要责任，故也算工伤。

6.1.2 视同工伤的情形

在某些情况下，职工受到的伤害可能与其工作不是直接相关的，但也是由于工作的关系而导致的，在法律上也视同为工伤，主要有以下三种情况：

①在工作时间和工作岗位，突发疾病死亡或者在48小时之内经抢救无效死亡。

②在抢险救灾等维护国家利益、公共利益活动中受到伤害。

③职工原在军队服役，因战、因公负伤致残，已取得革命伤残军人证，到用人单位后旧伤复发。

下面来详细了解一下这三种情况：

第一种，职工在工作时间内在岗位上突发疾病，可能是自身的原因导致的，也可能是由于工作过度劳累导致的，突发的疾病是否与工作相关很难判断。在这种情况下，法律为了平衡用人单位和职工双方的利益，将职工突发疾病死亡或者在48小时之内经抢救无效死亡的情形规定为视同工伤。这里的"突发疾病"包括各类疾病，"48小时"则以医疗机构的初次诊断时间作为起算时间。

第二种，无论是否在工作时间和工作场所内，职工在抢险救灾等维护国家利益、公共利益的活动中受到伤害的，都视同工伤。

第三种，军人在服役期间因战、因公负伤致残且已经取得革命伤残军人证的，依法享受军人抚恤优待待遇。法律规定伤残军人复员转业到用人单位后旧伤复发的，也视同工伤，能够享受除一次性伤残补助金以外的工伤保险待遇。需要注意的是，职工复发的旧伤必须是因为以前服役期间因战、因公导致的伤残，并且必须取得了革命伤残军人证，没有取得革命伤残军人证的，则不得视同工伤。

下面来看一个案例。

实例分析 职工在家加班突发疾病死亡，视同工伤吗

杨某是广州市某贸易公司的员工，2024年7月某日晚突然在家倒地，后经120抢救无效死亡，在倒地前半个小时还在处理工作。其妻子田某提起工伤认定申请，经人社局认定核实不予认定为工伤。田某不服，遂提起诉讼，经法院审理认为，杨某符合《工伤保险条例》第十五条第一项规定的情形，属于在家加班工作期间死亡的，视同工伤。

根据杨某的聊天记录可看出，当天下班之后，杨某还在通过微信与同事、客户洽谈工作，与其聊天的同事也可以证明。此外，从杨某的日常微信聊天记录也可以看出，其下班之后通过微信继续处理工作是常态，具有连贯性，故符合视同工伤的情形，应当认定为工伤。

6.1.3　超过法定年龄的工伤认定

虽然我国规定了退休年龄，但在现实生活中，很多企业会招用临近退休或已过了法定退休年龄的人员，那么超过法定退休年龄的这类员工发生工伤到底应该怎样认定呢？

我国现行法律并没有明确规定超龄劳动者不能与用人单位建立劳动关系，只不过用人单位继续招用超龄人员的，可视为用人单位自愿承担使用超龄人员可能引发的工伤风险。根据我国现行规定，对于超龄员工的工伤认定主要有以下三种情况：

（1）超龄务工农民

《最高人民法院行政审判庭关于超过法定退休年龄的进城务工农民因工伤亡的，应否适用〈工伤保险条例〉请示的答复》（以下简称《答复》）认为，用人单位聘用的超过法定退休年龄的务工农民，在工作时间内、因工作原因伤亡的，应当适用《工伤保险条例》的有关规定进行工伤认定。但是在司法实践中仍存有争议，各地方的法院仍持有不同态度，需视地方而定。下面来看一个案例。

实例分析 超龄务工农民工伤认定分析

庞某于2024年5月任职于某物业公司，担任保洁员且当时年龄已达到法定退休年龄。但在2024年11月某日，在下班途中发生交通事故，庞某家属随即向当地人社局提交工伤认定申请。2024年2月8日，人社局做出"工伤认定书"，认定苏某因交通事故死亡属于工伤，且经过鉴定庞某不负有主要责任。公司不服，遂提起诉讼。

经过法院审理，庞某虽然超过法定退休年龄，但属于进城务工的农民工，还未办理退休手续、领取退休金，且暂时也不能认定其领取的养老金待遇属于基本养老保险待遇。故认定为工伤。

由此案例可以看出，用人单位需要谨慎对待超龄人员的录用问题。

（2）达到法定退休年龄，但未办理退休手续或未依法享受城镇职工基本养老保险待遇

《人力资源社会保障部关于执行〈工伤保险条例〉若干问题的意见（二）》第二条规定："达到或超过法定退休年龄，但未办理退休手续或者未依法享受城镇职工基本养老保险待遇，继续在原用人单位工作期间受到事故伤害或患职业病的，用人单位依法承担工伤保险责任……"

据此可以看出，若超龄人员已享受了职工基本养老保险并领取了退休金，继续受聘于用人单位而因工伤亡的，不能同时享受工伤保险待遇和职工基本养老保险待遇。

（3）享有城乡居民养老保险待遇的超龄人员

享有城乡居民养老保险待遇的超龄人员可享受工伤保险待遇。养老保险包括职工基本养老保险、城乡居民基本养老保险。职工基本养老保险或退休金可以基本保障超龄人员的养老需求，但城乡居民基本养老保险难以保障超龄人员的需求。已经享受城乡居民基本养老保险待遇的超龄人员发生工伤后，如果因其享受了较低的城乡居民基本养老保险就不能认定为工伤，显然不太公平。同时，《答复》也不排斥享有城乡居民养老保险待遇的超过法定退休年龄人员受伤时，享受工伤保险待遇。

6.1.4　不得认定工伤的情形

除了前述情形外，也有一些情形是不得认定为工伤的，如下所述：

（1）因故意犯罪受到伤害

犯罪是具有社会危害性质的，应当受到刑法处罚。犯罪主要分为故意犯罪和过失犯罪两大类，对于故意犯罪的，其具有主观性，危害性也比较大，所以对于故意犯罪受到伤害的，不得认定为工伤。但由于过失犯罪的主观性较轻，不能因此否定受伤职工的工伤保险权益。

（2）因醉酒或者吸毒受到伤害

因醉酒或者吸毒受到伤害，主要是指职工本人在酒精或毒品的作用下，致使其行为失去控制而导致本人受到伤害。需要注意的是，职工受到伤害是本人醉酒或吸毒导致的，而不包括在醉酒或吸毒的状态下由第三方或自然力造成伤害的情形。对于"醉酒或者吸毒"的认定应当以有关机构出具的事故责任认定

书和结论性意见等法律文书为依据，但有相反证据足以推翻事故责任认定书和结论性意见的除外。

下面来看一个案例。

实例分析 出差期间酒后猝死，算工伤吗

白某于2022年9月入职某企业，担任高级陈列督导一职。2024年4月开始，白某接受企业指派，到某区域的企业门店巡店，工作内容为现场指导门店的陈列、店铺形象检查等，推动各门店的销售。出差期间白某工作结束后，接受了该门店店长的宴请，并于当晚入住当地某酒店，在凌晨被发现死亡，经120鉴定诊断为酒后猝死。

2024年7月该企业向人社局提交"工伤认定申请表"，拟为白某申请工伤认定，8月人社局作出不予认定工伤的决定，认定白某属于醉酒状态，不能认定工伤。白某家属不服，认为白某饮酒行为属于公务接待，是工作职能的延续，应当视为工伤，遂诉至法院。

经法院审理，白某事发时处于出差的过程中，因此适用"因工外出"情形。但是从白某的工作来看，白某负责陈列督导，而饮酒并非其工作内容，且从其余员工处了解到店面陈列、督导工作一般不需要公务接待，晚饭是出于对上级督导工作的感谢而进行的私人宴请。此外，从其宴请的饮酒数量来看，明显已经超过了一般工作餐的合理范围，大量饮酒的行为与工作原因之间也缺乏必要的关联性，与白某所从事职业创造的利益无关。因此，这种情况下，将白某酒后猝死认定为工作的原因，证据不足。基于此，一审、二审法院均驳回了家属的诉求。

（3）自残或者自杀

一般来说，职工自残或自杀而导致的伤亡是其故意造成的，与工作之间不存在因果关系，其后果应当自己承担。同时，对于"自杀或自残"的认定，也应当以有关机构出具的事故责任认定书和结论性意见等法律文书为依据，但有相反证据足以推翻事故责任认定书和结论性意见的除外。

6.1.5 防范工伤诈骗

在诈骗案件频发、诈骗手段多样的现代社会，企业在进行工伤认定的同时

也需要提高安全意识，保护自己的合法权益。

《社会保险基金行政监督办法》（人力资源社会保障部令第48号）第三十二条规定："用人单位、个人有下列行为之一，以欺诈、伪造证明材料或者其他手段骗取社会保险待遇的，按照《中华人民共和国社会保险法》第八十八条的规定处理：

（一）通过虚构个人信息、劳动关系，使用伪造、变造或者盗用他人可用于证明身份的证件，提供虚假证明材料等手段虚构社会保险参保条件、违规补缴，骗取社会保险待遇的；

（二）通过虚假待遇资格认证等方式，骗取社会保险待遇的；

（三）通过伪造或者变造个人档案、劳动能力鉴定结论等手段违规办理退休，违规增加视同缴费年限，骗取基本养老保险待遇的；

（四）通过谎报工伤事故、伪造或者变造证明材料等进行工伤认定或者劳动能力鉴定，或者提供虚假工伤认定结论、劳动能力鉴定结论，骗取工伤保险待遇的；

（五）通过伪造或者变造就医资料、票据等，或者冒用工伤人员身份就医、配置辅助器具，骗取工伤保险待遇的；

（六）其他以欺诈、伪造证明材料等手段骗取社会保险待遇的。"

同时，《社会保险法》第八十八条规定："以欺诈、伪造证明材料或者其他手段骗取社会保险待遇的，由社会保险行政部门责令退回骗取的社会保险金，处骗取金额两倍以上五倍以下的罚款。"除此之外，《刑法》中第二百六十六条规定："诈骗公私财物，数额较大的，处三年以下有期徒刑、拘役或者管制，并处或者单处罚金；数额巨大或者有其他严重情节的，处三年以上十年以下有期徒刑，并处罚金；数额特别巨大或者有其他特别严重情节的，处十年以上有期徒刑或者无期徒刑，并处罚金或者没收财产。本法另有规定的，依照规定。"

针对花样百出的骗保行为，企业应该如何防范呢？

依法签订书面劳动合同，为员工购买工伤保险：若没有工伤保险，在发生工伤事故时只能由用人单位负全责，有些用人单位急于解决问题会采取私了，就会给诈骗分子钻漏洞的机会，趁机获取高额赔偿。

加强招聘审核机制：在招聘新员工时，可以对员工进行背景调查以防万一。其次，还需要进行必要的体检，可以在事前防范工伤诈骗。

完善监控设备：完善的监控设备可以为举证保留相关证据。

按照法定程序进行：用人单位在处理工伤事故时，一定要按照法定程序进行工伤认定,以免给诈骗分子可乘之机。

下面来看一个案例。

实例分析 发生工伤事故,可以私了吗

2024年8月6日杨某与张某事先预谋,由杨某到上海市一家工厂去应聘工作,次日中午,张某用铁棍将杨某左手臂打伤。下午回到工厂,杨某便假装摔倒,要求厂方送至医院治疗。医院建议进行住院治疗,却被杨某、张某拒绝,并要求一次性支付治疗费,最终该厂同意支付医疗费2.00万元,但是要求签订协议,此后再发生任何情况不再由该厂负责,并要求去派出所备案。在备案过程中,该事件引起了民警的警觉,通过系统查询及询问,发现二人已经不止一次通过这种手段进行诈骗了。

最终经法院审理,杨某、张某以非法占有为目的,采用虚构事实的方法骗取他人钱款,且数额较大,对其以诈骗罪进行了判决。

由此可以看出,用人单位在进行工伤事故处理时,需要提高自身的安全意识,同时通过法定程序进行,不要采取私了的方式。

6.2 劳动能力鉴定与工伤赔付

对于一些严重的、影响劳动者以后劳动能力的工伤事故需要进行鉴定的,应当依法进行劳动能力鉴定。

6.2.1 了解劳动能力鉴定申报条件

劳动能力鉴定是指劳动者因工负伤或非因工负伤以及疾病等原因,本人劳动与生活能力产生不同程度的影响,由劳动能力鉴定机构根据用人单位、职工本人或者亲属的申请进行鉴定的一种综合评定制度。《工伤保险条例》中对职工劳动能力鉴定作了以下规定:

第二十一条规定:"职工发生工伤,经治疗伤情相对稳定后存在残疾、影响劳动能力的,应当进行劳动能力鉴定。"

第二十三条规定:"劳动能力鉴定由用人单位、工伤职工或者其近亲属向设区的市级劳动能力鉴定委员会提出申请,并提供工伤认定决定和职工工伤医疗的有关资料。"

为了更好地进行劳动能力鉴定，在鉴定前需要了解劳动能力鉴定的申报条件有哪些，事先做好准备。申报劳动能力鉴定所需的常用材料及要求如下所述：

①填写劳动能力鉴定申请表，表上包括本人近期的一寸免冠照片，由单位负责的需要在照片上盖上单位公章；个人申请需提供单位名称、单位详细地址、单位联系人姓名及电话，并且当场通知单位联系人。

②工伤认定决定书原件及复印件。

③携带被鉴定人本人身份证原件复印件。

④提供完整连续的病历资料，住院的需要提供住院病志原件；未住院的需提供急诊或门诊的病志原件及复印件、诊断书及辅助检查报告单原件及复印件，审核原件保留复印件。

除此之外，对于一些特殊的伤情还需要提供额外的资料，如职业病需要提供指定医院出具的职业病诊断证明；精神疾病需要提供专门的精神病医院开具的医学精神病鉴定书原件及复印件等。

6.2.2 劳动能力鉴定程序

劳动能力鉴定大致包括以下四个步骤：

第一步：提出申请。用人单位、工伤职工或者其直系亲属可以向设区的市级劳动能力鉴定委员会提出申请。同时申请人应当按照规定提交工伤认定决定和职工工伤医疗的有关资料。

第二步：审查。劳动能力鉴定委员会在收到申请人申报劳动能力鉴定的资料后进行初审，看有关材料是否齐备、有效。如果提交的资料欠缺，劳动能力鉴定委员会应要求申请人补充相关材料。

第三步：组织鉴定。劳动能力鉴定委员会在受理劳动能力鉴定申请后，从医疗专家库内抽取数名专家组成专家组进行鉴定。必要时，也可以委托具备资格的医疗机构进行有关诊断。专家组或者受委托的医疗机构鉴定后应当出具鉴定意见并由参与鉴定的专家签署。

第四步：将鉴定结论及时送达当事人。劳动能力鉴定委员会根据专家组的鉴定意见，在收到劳动能力鉴定申请之日起60日内作出劳动能力鉴定结论，并及时送达申请鉴定的单位和个人。

根据鉴定程序可以看出，进行劳动能力鉴定首先需要填写申请表，每个地方的申请表可能有所差异，下面以某省劳动能力鉴定申请表为例，展示其结构和大致内容，如图6-1所示。

职工信息栏	职工姓名：		一寸近期免冠彩色照片
	工伤认定决定书编号：		
	证件类型　　　　居民身份证☐　　其他☐ 身份证件号码☐☐☐☐☐☐☐☐☐☐☐☐☐☐☐☐☐☐		
	联系电话（必填一项）：_____（手机）_____（固话）		
	联系地址： 　　　　　　　　　　　　　　　　　邮编☐☐☐☐☐☐		
用人单位信息栏	用人单位名称：		
	用人单位联系人：　　　　　　联系电话：		
	联系地址： 　　　　　　　　　　　　　　　　　邮编☐☐☐☐☐☐		
申报事项确认栏	申请鉴定类型选择（请在☐内打√单项选择） ☐1. 初次鉴定（伤残、护理）；☐2. 再次鉴定（伤残、护理）；☐3. 复查鉴定（伤残、护理）； ☐4. 配置辅助器具确认，申请配置项目；_____ ☐5. 因病鉴定；		
	申请主体（请在☐内打√单项选择） ☐1. 用人单位；☐2. 职工或其近亲属；☐3. 社会保险经办机构。		
	申请人签名或盖章：	申请单位盖章：	
	年　月　日	年　月　日	

图 6-1　劳动能力鉴定申请表

6.2.3　工伤保险概述

　　工伤保险是我国基本的社会保险制度之一，由用人单位为劳动者购买。实行工伤保险制度保障了受伤职工的合法权益，有利于提高职工工作积极性，帮助受伤职工或其遗属更好地生活，维持受伤职工或其遗属的正常生活秩序。

不同于其他社会保险的是，工伤保险的缴费比例是按照行业风险程度的大小来确定的。我国对行业的划分，根据不同行业的工伤风险程度，由低到高，依次将行业工伤风险类别划分为一类至八类，见表 6-1。

表 6-1 行业工伤保险分类表

行业类别	行业名称
一	软件和信息技术服务业，货币金融服务，资本市场服务，保险业，其他金融业，科技推广和应用服务业，社会工作，广播、电视、电影和影视录音制作业，国家机构，社会保障，群众团体、社会团体和其他成员组织，基层群众自治组织，国际组织等
二	批发业，零售业，仓储业，邮政业，住宿业，餐饮业，电信、广播电视和卫星传输服务，互联网和相关服务，房地产业，租赁业，商务服务业，研究和试验发展，专业技术服务业，居民服务业，其他服务业，教育，卫生，新闻和出版业，文化艺术业
三	农副食品加工业，食品制造业，酒、饮料和精制茶制造业，烟草制品业，纺织业，木材加工和木、竹、藤、棕、草制品业，文教、工美、体育和娱乐用品制造业，计算机、通信和其他电子设备制造业，仪器仪表制造业，其他制造业，水的生产和供应业，机动车、电子产品和日用产品修理业，水利管理业，生态保护和环境治理业，公共设施管理业，娱乐业
四	农业，畜牧业，农、林、牧、渔服务业，纺织服装、服饰业，皮革、毛皮、羽毛及其制品和制鞋业，印刷和记录媒介复制业，医药制造业，化学纤维制造业，橡胶和塑料制品业，金属制品业，通用设备制造业，专用设备制造业，汽车制造业，铁路、船舶、航空航天和其他运输设备制造业，电气机械和器材制造业，废弃资源综合利用业，金属制品、机械和设备修理业，电力、热力生产和供应业，燃气生产和供应业，铁路运输业，航空运输业，管道运输业，体育
五	林业，开采辅助活动，家具制造业，造纸和纸制品业，建筑安装业，建筑装饰和其他建筑业，道路运输业，水上运输业，装卸搬运和运输代理业
六	渔业，化学原料和化学制品制造业，非金属矿物制品业，黑色金属冶炼和压延加工业，有色金属冶炼和压延加工业，房屋建筑业，土木工程建筑业
七	石油和天然气开采业，其他采矿业，石油加工、炼焦和核燃料加工业
八	煤炭开采和洗选业，黑色金属矿采选业，有色金属矿采选业，非金属矿采选业

不同工伤风险类别的行业其行业基准费率不一样，各行业工伤风险类别对应的全国工伤保险行业基准费率为，一类至八类分别控制在该行业用人单位职

工工资总额的 0.2%、0.4%、0.7%、0.9%、1.1%、1.3%、1.6%、1.9% 左右。同时，通过费率浮动的办法来确定每个行业的费率档次。一类行业分为三个档次，即在基准费率的基础上，可向上浮动至 120%、150%；二类至八类行业分为五个档次，即在基准费率的基础上，可分别向上浮动至 120%、150% 或向下浮动至 80%、50%。

每个地区经济发展水平有差异，其基准费率也不一样，各统筹地区人力资源社会保障部门与财政部门一起合理确定本地区工伤保险行业基准费率的具体标准，再根据地区经济产业结构变动、工伤保险费使用等情况适时调整。

依法为员工缴纳社会保险是用人单位应承担的义务，但是在实践中仍有一些用人单位为了自身利益，不依法为劳动者缴纳工伤保险。《工伤保险条例》第六十二条规定："用人单位依照本条例规定应当参加工伤保险而未参加的，由社会保险行政部门责令限期参加，补缴应当缴纳的工伤保险费，并自欠缴之日起，按日加收万分之五的滞纳金；逾期仍不缴纳的，处欠缴数额 1 倍以上 3 倍以下的罚款。

依照本条例规定应参加工伤保险而未参加工伤保险的用人单位职工发生工伤的，由该用人单位按照本条例规定的工伤保险待遇项目和标准支付费用。

用人单位参加工伤保险并补缴应当缴纳的工伤保险费、滞纳金后，由工伤保险基金和用人单位依照本条例的规定支付新发生的费用。"

下面来看一个案例。

实例分析 用人单位未按规定缴纳工伤保险的法律后果

赵某于 2024 年 6 月入职某企业，该企业未为其缴纳社会保险，同年 10 月赵某在工作中受伤，被认定为工伤，经鉴定构成伤残六级。后赵某向仲裁机构申请仲裁，要求该企业赔偿各项工伤待遇共计 55.00 万元，仲裁机构经审理认为该企业未依法为赵某缴纳工伤保险，应当支付赵某工伤保险待遇损失，裁决该企业支付赵某 50.90 万元。该企业不服裁决，向法院提起诉讼，经法院组织调解，该企业支付赵某各项工伤保险待遇损失达 42.30 万元。

从以上案例可以看出，用人单位未为职工缴纳工伤保险的法律风险，即承担了巨额的经济赔偿。

《社会保险法》第八十四条规定："用人单位不办理社会保险登记的，由社会保险行政部门责令限期改正；逾期不改正的，对用人单位处应缴社会保险费数额一倍以上三倍以下的罚款，对其直接负责的主管人员和其他直接责任人员处五百元以上三千元以下的罚款。"

一旦受到处罚，对企业的形象和声誉都会有影响，从而影响企业以后的发展，所以企业需要依法为员工缴纳工伤保险。

6.2.4 工伤保险待遇有哪些

我国工伤保险待遇主要可以划分为以下三种类型：

（1）工伤医疗期间

工伤医疗期间的待遇主要包括期间的医疗待遇、工资福利待遇和生活护理待遇。

①医疗待遇是职工因遭受事故伤害或患职业病需要进行治疗的，享受工伤医疗待遇。

②职工因工伤需要暂停工作接受医疗的，在停工留薪期内除享受工伤医疗待遇外，原有的工资福利不变，由所在单位按月支付。工伤停工留薪期应根据伤情的具体状况来确定，一般不超过 12 个月。

③生活不能自理的工伤职工在停工留薪期间需护理的，由其单位负责。

（2）工伤致残待遇

因工致残的，在进行劳动能力鉴定时会分为十个等级，其中一级最重，十级最轻，具体的等级划分标准可参考《职工工伤与职业病致残程度鉴定标准》。工伤职工在经劳动能力鉴定委员会评定伤残等级后，停发原工资福利待遇，可开始享受工伤伤残待遇，包括生活护理待遇、伤残待遇和配置辅助器待遇，具体如下所述：

①《工伤保险条例》第三十四条规定："工伤职工已经评定伤残等级并经劳动能力鉴定委员会确认需要生活护理的，从工伤保险基金按月支付生活护理费。生活护理费按照生活完全不能自理、生活大部分不能自理或者生活部分不能自理 3 个不同等级支付，其标准分别为统筹地区上年度职工月平均工资的 50%、40% 或者 30%。"

②不同级别可以享受的伤残待遇见表 6-2。

表 6-2　不同等级伤残待遇

等　级	伤残待遇
1～4级	【一次性伤残补助金】 　　一级伤残为 27 个月的本人工资，二级伤残为 25 个月的本人工资，三级伤残为 23 个月的本人工资，四级伤残为 21 个月的本人工资。 【伤残津贴】 　　一级伤残为本人工资的 90%，二级伤残为本人工资的 85%，三级伤残为本人工资的 80%，四级伤残为本人工资的 75%。伤残津贴实际金额低于当地最低工资标准的，由工伤保险基金补足差额
5～6级	【一次性伤残补助金】 　　从工伤保险基金按伤残等级支付一次性伤残补助金，其标准为五级伤残为 18 个月的本人工资，六级伤残为 16 个月的本人工资。 【伤残津贴】 　　如保留与用人单位的劳动关系，由用人单位安排适当工作。难以安排工作的，由用人单位按月发给伤残津贴，标准为五级伤残为本人工资的 70%，六级伤残为本人工资的 60%，并由用人单位按照规定为其缴纳应缴纳的各项社会保险费。伤残津贴实际全额低于当地最低工资标准的，由用人单位补足差额。 　　经工伤职工本人提出，可以与用人单位解除或者终止劳动关系，由工伤保险基金支付一次性工伤医疗补助金，由用人单位支付一次性伤残就业补助金。一次性工伤医疗补助金和一次性伤残就业补助金的具体标准由省、自治区、直辖市人民政府规定
7～10级	从工伤保险基金按伤残等级支付一次性伤残补助金，其标准为七级伤残为 13 个月的本人工资，八级伤残为 11 个月的本人工资，九级伤残为 9 个月的本人工资，十级伤残为 7 个月的本人工资。 　　劳动、聘用合同期满终止，或者职工本人提出解除劳动、聘用合同的，由工伤保险基金支付一次性工伤医疗补助金，由用人单位支付一次性伤残就业补助金。一次性工伤医疗补助金和一次性伤残就业补助金的具体标准由省、自治区、直辖市人民政府规定

③经劳动能力鉴定委员会确认，工伤职工因日常生活或就业需要，可以安装假肢、矫形器、假眼、假牙和配置轮椅等辅助器具，所需费用按照国家规定的标准从工伤保险基金中支付。具体可参见《工伤保险辅助器具配置管理办法》。

（3）因工死亡待遇

职工因工死亡，其近亲属按照下列标准从工伤保险基金领取丧葬补助金、供养亲属抚恤金和一次性工亡补助金，具体见表 6-3。

表 6-3　因工死亡待遇

待　遇	具体阐述
丧葬补助金	丧葬补助金为 6 个月的统筹地区上年度职工月平均工资
供养亲属抚恤金	供养亲属是指依靠因工死亡职工生前提供主要生活来源且无劳动能力的亲属，其范围包括该职工的配偶、子女、父母、祖父母、外祖父母、孙子女、外孙子女、兄弟姐妹。 供养亲属抚恤金按照职工本人工资的一定比例发给由因工死亡职工生前提供主要生活来源、无劳动能力的亲属。标准为：配偶每月 40%，其他亲属每人每月 30%，孤寡老人或者孤儿每人每月在上述标准的基础上增加 10%。核定的各供养亲属的抚恤金之和不应高于因工死亡职工生前的工资，供养亲属的具体范围由国务院社会保险行政部门规定
一次性工亡补助金	一次性工亡补助金标准为上一年度全国城镇居民人均可支配收入的 20 倍

除了上述待遇之外，还有一些特殊情况的工伤保险待遇，如下所述：

职工因工外出期间发生事故或者在抢险救灾中下落不明的：从事故发生当月起三个月内照发工资，从第四个月起停发工资，由工伤保险基金向其供养亲属按月支付供养亲属抚恤金。生活有困难的，可以预支一次性工亡补助金的 50%。职工被人民法院宣告死亡的，按照《工伤保险条例》第三十九条职工因工死亡的规定处理。

用人单位分立、合并、转让的：承继单位应当承担原用人单位的工伤保险责任；原用人单位已经参加工伤保险的，承继单位应当到当地经办机构办理工伤保险变更登记。用人单位实行承包经营的，工伤保险责任由职工劳动关系所在单位承担；职工被借调期间受到工伤事故伤害的，由原用人单位承担工伤保险责任，但原用人单位与借调单位可以约定补偿办法；企业破产的，在破产清算时依法拨付应当由单位支付的工伤保险待遇费用。

职工被派出境工作的：依据前往国家或者地区的法律应当参加当地工伤保险的，参加当地工伤保险，其国内工伤保险关系中止；不能参加当地工伤保险的，其国内工伤保险关系不中止。

职工在两个或两个以上用人单位同时就业的：各用人单位应当分别为职工缴纳工伤保险费。职工发生工伤，由职工受到伤害时工作的单位依法承担工伤保险责任。

由此可以看出，职工或其供养亲属享受工伤保险待遇是需要一定条件的，当不具备或丧失了享受待遇的条件时，就不再享受工伤保险待遇了。工伤职工有下列情形之一的，停止享受工伤保险待遇，见表 6-4。

表 6-4　停止享受工伤保险待遇的情形

情　形	具体阐述
丧失享受待遇条件的	工伤职工一旦恢复劳动能力或生活能够自理的，则停止享受工伤保险待遇。工伤职工的供养亲属如果具备前述停止享受抚恤金情况的，也不得继续享受供养亲属抚恤金
拒不接受劳动能力鉴定的	劳动能力鉴定结果是确定工伤职工或其供养亲属享受工伤保险待遇的科学依据。如果工伤职工或其供养亲属没有正当理由拒绝接受劳动能力鉴定的，则工伤职工或其供养亲属的工伤保险待遇难以确定，也就不再享受相应的工伤保险待遇
拒绝治疗的	工伤保险制度的目的是为工伤职工提供医疗救治和经济补偿，帮助其重新恢复劳动力，重返工作岗位，如果无故拒绝，将会影响其治疗，也无法享受工伤保险待遇

6.2.5　工伤保险基金的构成

工伤保险基金是为了建立工伤保险制度，使工伤职工能够得到及时的救助和享受工伤保险待遇而筹集的资金，具有以下特点：

强制性：工伤保险是国家法律规定的，向规定范围内的用人单位征收的一种社会保险费，用人单位需要按照规定履行义务，否则需要承担相关的法律责任。

共济性：工伤保险基金是用人单位按规定缴纳工伤保险费后，不管是否发生工伤或者无论发生多大程度的工伤都应按法律的规定由工伤保险基金支付相应的工伤保险待遇。

固定性：工伤保险基金是根据社会保险事业的需要，事先规定了工伤保险费的缴费对象、缴费基数和费率，在征收时不得随意调整；工伤保险基金还实行专款专用，任何人不得挪用。

工伤保险基金由用人单位缴纳的工伤保险费、工伤保险基金的利息和依法纳入工伤保险基金的其他资金构成，由国家根据不同行业的工伤风险程度来确定行业差别费率，并根据工伤保险费使用、工伤发生率等情况在每个行业内确定若干费率档次。《社会保险法》第三十八条规定："因工伤发生的下列费用，按照国家规定从工伤保险基金中支付：

（一）治疗工伤的医疗费用和康复费用；

（二）住院伙食补助费；

（三）到统筹地区以外就医的交通食宿费；

（四）安装配置伤残辅助器具所需费用；

（五）生活不能自理的，经劳动能力鉴定委员会确认的生活护理费；

（六）一次性伤残补助金和一至四级伤残职工按月领取的伤残津贴；

（七）终止或者解除劳动合同时，应当享受的一次性医疗补助金；

（八）因工死亡的，其遗属领取的丧葬补助金、供养亲属抚恤金和因工死亡补助金；

（九）劳动能力鉴定费。"

6.2.6 工伤赔付与民事赔偿可以兼得吗

工伤赔付是劳动者因受工伤而获得的经济补偿，工伤职工应按照《工伤保险条例》的规定享受工伤保险待遇。但如果劳动者遭受工伤是由于第三人的侵权行为造成的，在领取工伤保险赔偿的同时，第三人还要进行民事赔偿。

《最高人民法院关于审理人身损害赔偿案件适用法律若干问题的解释》第三条规定："依法应当参加工伤保险统筹的用人单位的劳动者，因工伤事故遭受人身损害，劳动者或者其近亲属向人民法院起诉请求用人单位承担民事赔偿责任的，告知其按《工伤保险条例》的规定处理。

因用人单位以外的第三人侵权造成劳动者人身损害，赔偿权利人请求第三人承担民事赔偿责任的，人民法院应予支持。"

由此可以看出，工伤赔付与民事赔偿是可以兼得的。此外，工伤保险属于社会保险，是公权，民事赔偿是私权，二者在性质上存在着根本性的差别。所以只要符合条件可以同时获得工伤赔付与民事赔偿，下面来看一个案例。

实例分析 工伤保险赔偿与民事赔偿可以兼得吗

李某是某钻井公司的员工，2024年4月5日该公司完成钻井工作之后准备搬迁到下一个地方继续进行钻井，在此过程中需要进行吊装和运输。于是在4月8日该公司与当地另一物流公司签订了搬迁协议，约定了双方的权利和义务。隔日，物流公司安排了吊车及相关管理人员进行工作，因人手不够，该钻井公司抽调了包括李某在内的几名人员到现场帮助物流公司进行搬迁，在吊装过程中，因吊绳脱落，吊装物从板车上掉下，砸向李某等人，李某经抢救无效死亡。

后经事故调查组认定，在此次事故中，吊装作业存在多头指挥、吊车司机随意听从其他指挥的现象，吊车保险片左右间隙过大不能起到保险作用，造成起吊绳脱落，起吊物落下，是事故产生的直接原因；另外，双方的工作人员未按照安全规章进行操作，是事故产生的次要原因。

2024年8月，当地人社局对李某的死亡作出工伤认定，李某的亲属向该公司索要了工伤赔偿。次年3月，李某的亲属向法院提起诉讼，要求该钻井公司和物流公司按照人身损害进行民事赔偿。

经法院一审认为，物流公司属于侵权民事法律关系的第三人，在完成吊装协议的过程中，侵害了李某的生命权，应当承担侵权行为的后果，不能因为受害人获得了工伤赔偿就抵扣了第三人的侵权赔偿责任，故应承担80%的责任，遂判决该物流公司赔偿李某亲属30.00万元。物流公司不服，向中级人民法院提起诉讼，经过终审判决，法院还是维持了原判。

从此案件可以看出，该物流公司侵犯了劳动者的生命权，故劳动者在获得工伤补偿之后，也并不妨碍其获得应有的民事赔偿。因此用人单位在进行相关作业活动时一定要规范操作，遵守法律规章。

6.3 如何进行工伤申报认定

企业想要向劳动行政部门提出工伤申请，需要在规定的时间内进行工伤申报，并准备好相关材料。

6.3.1 在规定时效内进行申报

在进行工伤申报前，首先需要了解工伤申报的时效，特别是对于企业而言，错过了申报时效可能会承担不必要的损失。《工伤保险条例》第十七条规定："职工发生事故伤害或者按照职业病防治法规定被诊断、鉴定为职业病，所在单位应当自事故伤害发生之日或者被诊断、鉴定为职业病之日起30日内，向统筹地区社会保险行政部门提出工伤认定申请。遇有特殊情况，经报社会保险行政部门同意，申请时限可以适当延长。

用人单位未按前款规定提出工伤认定申请的，工伤职工或者其近亲属、工会组织在事故伤害发生之日或者被诊断、鉴定为职业病之日起1年内，可以直接向用人单位所在地统筹地区社会保险行政部门提出工伤认定申请……"

用人单位需要注意的是，发生工伤且符合工伤认定情况时要在规定的期限内申报，否则可能会面临经济赔偿。下面来看一个案例。

实例分析 公司未在规定期限内进行工伤申报导致的经济赔偿

2024年4月22日，某市某汽车公司职工吴某于下班途中发生交通事故，8月10日不治身亡，8月20日公司为吴某申报工伤认定，吴某所受事故伤害被认定为工伤。2024年4月22日至2024年8月10日医疗期间，吴某因工伤治疗产生治疗费235 900.00元。虽然该公司为吴某办理了工伤保险，但是由于该公司在8月20日才进行申报，距吴某交通事故之日起早已过了规定的申报期限30日，且该公司亦未报社会保险行政部门申请延长申报时限，故社保经办机构不予支付相关医疗费。

吴某的亲属申请仲裁，请求裁决该公司支付医疗费。仲裁委员会认为职工因工作原因受到事故伤害或者患职业病，且经工伤认定的，享受工伤保险待遇。但因公司未在规定期限内提出工伤认定申请，致使职工无法从社保经办机构获得工伤待遇的，应由公司承担。故裁决该公司支付申请人工伤保险待遇损失235 900.00元。

6.3.2 准备好申报相关材料

在进行工伤申报时，需要准备好相关材料，只有材料齐全才能及时地进行工伤申报。提出工伤认定申请需要提交以下材料，如图6-2所示。

```
┌─────────────────────────────────────┐
│          工伤认定申请表              │
└─────────────────────────────────────┘
                  ↓
┌─────────────────────────────────────┐
│ 与用人单位存在劳动关系（包括事实劳动关系）的证明材料 │
└─────────────────────────────────────┘
                  ↓
┌─────────────────────────────────────┐
│ 医疗诊断证明或职业病诊断证明书（或者职业病诊断鉴定书）│
└─────────────────────────────────────┘
```

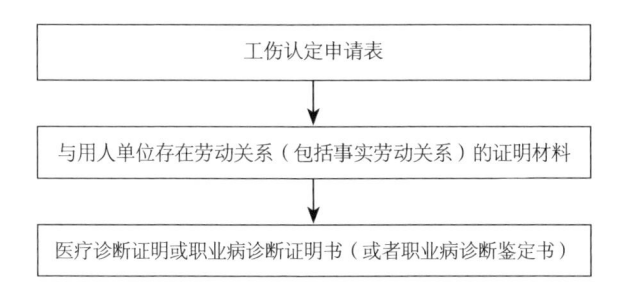

图6-2 工伤认定申请材料

其中，工伤认定申请表应当包括事故发生的时间、地点、原因，以及职工伤害程度等基本情况。同时根据《工伤认定办法》附件工伤认定申请表的填报要求，申请人提出申请时应当提交以下资料：

①受伤害职工的居民身份证。

②医疗机构出具的职工受伤害时初诊诊断证明书，或者依法承担职业病诊断的医疗机构出具的职业病诊断证明书（或者职业病诊断鉴定书）。

③职工受伤害或者诊断患职业病时与用人单位之间的劳动、聘用合同或者其他存在劳动、人事关系的证明。

对于特殊情况还需要提供一些特别的材料，见表6-5。

表6-5 工伤申报的其他相关证明材料

特殊情况	相关材料
职工死亡	提交死亡证明
因工受到意外伤害	在工作时间和工作场所内，因履行工作职责受到暴力等意外伤害的，提交公安部门的证明或者其他相关证明
因工外出期间	因工外出期间，由于工作原因受到伤害或者发生事故下落不明的，提交公安部门的证明或者相关部门的证明
上下班途中	上下班途中，受到非本人主要责任的交通事故或者城市轨道交通、客运轮渡、火车事故伤害的，提交公安机关交通管理部门或者其他相关部门的证明
突发疾病	在工作时间和工作岗位，突发疾病死亡或者在48小时之内经抢救无效死亡的，提交医疗机构的抢救证明
抢险救灾	在抢险救灾等维护国家利益、公共利益活动中受到伤害的，提交民政部门或者其他相关部门的证明
因战、因公负伤	属于因战、因公负伤致残的转业、复员军人，旧伤复发的，提交相关证书及劳动能力鉴定机构对旧伤复发的确认

对于工伤认定申请人提供材料不完整的，社会保险行政部门应当一次性书面告知工伤认定申请人需要补正的全部材料，在申请人补正材料后，社会保险行政部门应当受理。

6.3.3　工伤认定申请表的填报

从6.3.2节可以了解到工伤认定申请表是工伤申报必须的材料，所以需要规范填制。不同地区的工伤认定申请表模板可能不同，这里以某市的为例进行展示，如图6-3所示。

工伤认定申请表

申请人		申请人与受伤害从业人员关系	□单位 □本人 □亲属 □工会组织

受伤害从业人员信息

姓　名	
身份证号码	
家庭地址	
邮政编码	
民　族		参加工作时间	年　月　日
学历	□博士　□硕士　□大学本科　□大学专科 □中等专科　□职业高中　□技工学校 □普通中学　□初级中学　□小学　□其他
缴费情况	□已参保　　　□未参保
职业或者工种	
联系人姓名		联系电话	

单位信息

单位名称		
法定代表人（负责人）		工商注册地	
单位地址	
邮政编码	
联系人姓名		联系电话	

事故填写

受伤时间	年　月　日　时
治疗机构	
受伤部位	□颅脑 □脑 □颅骨 □头皮 □面颌部 □眼部 □鼻 □耳 □口 □颈部 □胸部 □腹部 □腰部 □脊柱 □上肢 □肩胛部 □上臂 □肘部 □前臂 □腕及手 □掌 □指 □下肢 □髋部 □股骨 □膝部 □小腿 □踝之脚 □踝部 □跟部 □蹠部（距骨、舟骨、蹠骨） □趾 □其他
受伤程度	

职业病填写

确诊时间	年　月　日
诊断机构	
职业病名称	
接触有毒有害时间	月

事故伤害（患职业病）经过简述：

申请事项：

申请人承诺如实向行政机关提交有关材料和反映真实情况，并对申请材料实质内容的真实性负责。

申请人签名或盖章：
年　月　日

图 6-3　工伤认定申请表（示例）

通常在填制工伤申请认定表时都需要按照一定的标准来填写，包括但不限于如下所示的填制要求。

①用蓝、黑色钢笔或者签字笔填写，字体工整清楚。

②单位名称、法定代表人（负责人）栏，应按提供的有效证明复印件上载明事项填写。

③受伤害从业人员姓名、身份证号码栏，应按提供的受伤害从业人员身份证明复印件上载明事项填写。

④参加工作时间栏，应填写受伤害从业人员首次参加工作的时间。

⑤学历栏，按最高学历且只能选择一项填写。

⑥职业或者工种栏，应按发生事故伤害或者被诊断为职业病时从事的职业或者工种填写。

⑦受伤部位栏，最多可以选择五项填写，超过五项的填写伤情最重的五项。受伤程度栏，根据出院小结和诊断结论填写，可填写如骨折、截肢等程度性表述。

⑧职业病名称栏，应按职业病诊断书载明的填写。

⑨事故伤害（患职业病）经过简述栏，发生事故伤害的，应写清事故的地点，当时所从事的工作，受伤原因，以及伤害部位和具体程度，还应写明是否有目击证人；患职业病的，应写明接触有毒有害作业。

⑩申请事项一栏主要记述本次申请的目的。

⑪申请人为个人的应当在表格下方签名，申请人为单位的应当在表格下方盖单位公章。

除此之外，还可以根据《工伤认定办法》附件工伤认定申请表附带的填报方法进行填写或是咨询相关工作人员。

6.3.4 明确工伤申报流程

在做好工伤申报准备之后，就可以按照工伤申报流程进行申报了，工伤申报流程主要包括四个环节，具体介绍如下所述：

第一步：申请登记。可以在规定的时间内由用人单位、工伤职工本人或其直系亲属、工会组织向用人单位工伤保险统筹地区劳动保障行政部门提出工伤认定申请、登记，并领取和填写工伤认定申请表等有关须知和材料。

第二步：劳动保障部门审核。劳动保障行政部门会对申请人上报的材料进行审核，作出是否受理决定。工伤申请人提供材料不完整的，劳动保障行政部门应当当场或者在 15 个工作日内出具提交补正材料通知书；若职工与用人单位之间发生劳动争议的，当事人应当向劳动争议仲裁委员会申请仲裁，提交劳动争议仲裁委员会的裁决书。

第三步：作出工伤决定。劳动保障行政部门会在自受理工伤认定申请之日起 60 日内作出工伤认定的决定，并书面通知申请工伤认定的职工或其近亲属或该职工所在单位。对于受理的事实清楚、权利义务明确的工伤认定申请，劳动保障行政部门会在 15 日内作出工伤认定的决定。

第四步：送达工伤结论。劳动保障行政部门会在自工伤认定决定作出之日起 20 日内，将"认定工伤决定书"或者"不予认定工伤决定书"送达受伤害职工（或者其近亲属）和用人单位，并抄送社会保险经办机构。

第7章

防范和处理劳动纠纷

在企业人事管理过程中，难免会因为各种原因产生劳动纠纷，作为 HR 需要及时、有效地处理这些纠纷，更重要的是通过学习了解相关知识，规范管理，做到有效地预防。

7.1 了解常见劳动纠纷

由于劳动关系的复杂性，企业在进行人力资源管理时难免会产生劳动纠纷，因此，了解常见劳动纠纷并加强劳动纠纷管理有助于企业减少损失。

7.1.1 劳动纠纷的分类

劳动纠纷也叫劳动争议，是劳动关系的双方当事人之间因履行劳动合同而发生的纠纷。按照不同的划分标准，可划分为以下类型：

（1）根据当事人人数的多少划分

根据当事人人数的多少可以划分为个人劳动争议和集体劳动争议，其中集体劳动争议需要劳动者当事人在三人以上，且是有共同理由的劳动争议。

（2）根据劳动争议的内容划分

《中华人民共和国劳动争议调解仲裁法》（以下简称《劳动争议调解仲裁法》）第二条规定："中华人民共和国境内的用人单位与劳动者发生的下列劳动争议，适用本法：

（一）因确认劳动关系发生的争议；

（二）因订立、履行、变更、解除和终止劳动合同发生的争议；

（三）因除名、辞退和辞职、离职发生的争议；

（四）因工作时间、休息休假、社会保险、福利、培训以及劳动保护发生的争议；

（五）因劳动报酬、工伤医疗费、经济补偿或者赔偿金等发生的争议；

（六）法律、法规规定的其他劳动争议。"

（3）根据劳动争议的客体划分

根据劳动争议的客体可以划分为履行劳动合同争议、开除争议、辞退争议、辞职争议、工资争议、保险争议、福利争议和培训争议等。

（4）根据当事人国籍划分

根据当事人国籍可以划分为国内劳动争议与涉外劳动争议。

除了需要了解劳动争议的分类之外，还需要知道哪些是不属于劳动争议范围的。《最高人民法院关于审理劳动争议案件适用法律问题的解释（一）》第二条规定："下列纠纷不属于劳动争议：

（一）劳动者请求社会保险经办机构发放社会保险金的纠纷；

（二）劳动者与用人单位因住房制度改革产生的公有住房转让纠纷；

（三）劳动者对劳动能力鉴定委员会的伤残等级鉴定结论或者对职业病诊断鉴定委员会的职业病诊断鉴定结论的异议纠纷；

（四）家庭或者个人与家政服务人员之间的纠纷；

（五）个体工匠与帮工、学徒之间的纠纷；

（六）农村承包经营户与受雇人之间的纠纷。"

HR 了解哪些属于劳动纠纷，哪些不属于劳动纠纷后，在妥善解决劳动纠纷的同时也可以保护企业的合法权益。

7.1.2 劳动关系认定纠纷

劳动关系是指用人单位招用劳动者为其员工，劳动者在用人单位的管理与监督下提供有偿劳动而产生的权利义务关系。通常情况下用人单位与劳动者是通过签订劳动合同来确认劳动关系的，但是为了规范用人单位的用工行为，保护劳动者合法权益，在某些情况下即使没有书面劳动合同，也可以认定为劳动关系，即事实劳动关系。

《关于确立劳动关系有关事项的通知》规定："一、用人单位招用劳动者未订立书面劳动合同，但同时具备下列情形的，劳动关系成立。

（一）用人单位和劳动者符合法律、法规规定的主体资格；

（二）用人单位依法制定的各项劳动规章制度适用于劳动者，劳动者受用人单位的劳动管理，从事用人单位安排的有报酬的劳动；

（三）劳动者提供的劳动是用人单位业务的组成部分。

二、用人单位未与劳动者签订劳动合同，认定双方存在劳动关系时可参照下列凭证：

（一）工资支付凭证或记录（职工工资发放花名册）、缴纳各项社会保险费的记录；

（二）用人单位向劳动者发放的'工作证'、'服务证'等能够证明身份的证件；

（三）劳动者填写的用人单位招工招聘'登记表'、'报名表'等招用记录；

（四）考勤记录；

（五）其他劳动者的证言等。

其中，（一）、（三）、（四）项的有关凭证由用人单位负举证责任。"

下面来看一个案例。

实例分析 网络主播与用人单位之间劳动关系的认定

某海产品经营部是一家专门从事海产品批发及销售的个体工商户，陈某于2024年5月到该经营部工作，通过网络直播方式销售海产品，该经营部按照陈某每月销售额2.5%的提成比例给陈某支付报酬，另根据陈某的出勤天数每天给予100.00元的补贴。而后，陈某加入了该海产品经营部的直播工作群，该经营部负责人杨某及其妻子则通过微信群对直播工作进行安排，并对每位主播每月的销售额进行汇总，对于直播也作出了相关规定，不允许在工作时间做其他事情，如玩手机、随意离开直播间等。

后陈某觉得该经营部给予的提成比例不合理，于是双方产生了纠纷，陈某提起劳动仲裁，主张该经营部支付其拖欠的工资、经济补偿及未签订劳动合同的两倍差额工资。经审理，劳动仲裁委员会判决支持陈某的主张，该经营部不服，认为双方并非劳动关系，遂提起诉讼。

经法院审理，认为该经营部对陈某的直播工作进行了日常安排和管理，且为其发放了劳动报酬，判定双方存在事实劳动关系，驳回了该经营部的诉求，并裁决该用人单位支付拖欠陈某的工资、经济补偿及两倍差额工资。

由此案例可以看出，虽然陈某与该经营部未签订书面劳动合同，但是因为存在事实劳动关系，用人单位依旧需要承担相应的经济赔偿。所以，用人单位需要依法与劳动者签订合同，不能想着钻法律的漏洞，否则依旧需要承担相应的后果。

7.1.3　劳动合同纠纷

劳动合同纠纷是在劳动合同的订立、履行、变更和解除的过程中产生的劳动争议。根据纠纷产生的原因，劳动合同纠纷可以分为以下六类，如图 7-1 所示。

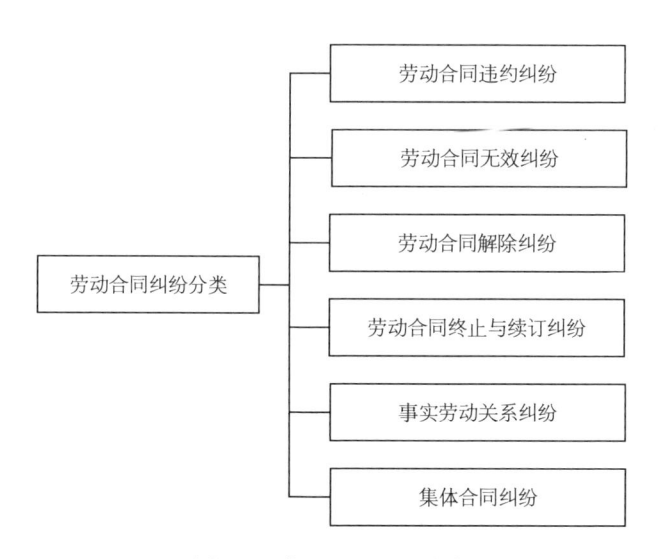

图 7-1　劳动合同纠纷分类

对于前面已经涉及的情形这里就不再赘述，下面主要来了解劳动合同违约纠纷与集体合同纠纷。

（1）劳动合同违约纠纷

劳动合同违约是指劳动合同的一方当事人故意或者过失违反劳动合同，使得劳动合同不能履行或不能完全履行的行为。主要表现为以下形式，见表 7-1。

表 7-1　劳动合同违约形式

违约主体	违约形式
企　业	①故意拖延不订立劳动合同或不按规定解除劳动合同； ②支付的工资违约或低于当地最低工资标准； ③不支付劳动者工资或拖延支付的； ④解除劳动合同过后未按规定支付经济补偿的； ⑤违法延长劳动者工作时间； ⑥订立劳动合同无效，给劳动者造成损害的； ⑦招用尚未解除劳动合同的劳动者，对原用人单位造成经济损失的
劳动者	①违反劳动合同法的规定解除劳动合同的； ②违反劳动合同约定的保密事项

《劳动合同法》第八十七条规定："用人单位违反本法规定解除或者终止劳动合同的，应当依照本法第四十七条规定的经济补偿标准的二倍向劳动者支付赔偿金。"同时，《劳动合同法实施条例》第二十六条规定："用人单位与劳动者约定了服务期，劳动者依照劳动合同法第三十八条的规定解除劳动合同的，不属于违反服务期的约定，用人单位不得要求劳动者支付违约金……"下面来看一个案例。

实例分析　用人单位违法解除劳动合同需承担的后果

张某于 2024 年 9 月入职某快递公司，双方签订了劳动合同，约定试用期为三个月，试用期月工资为 8 000.00 元。根据该快递公司的规章制度，工作时间为早上九点到晚上九点，每周休一天。两个月后，张某以工作时间严重超负荷为由拒绝加班安排，该快递公司以张某在试用期被证明不符合录用条件为由解除劳动合同，张某遂提起劳动仲裁，要求该公司支付违法解除劳动合同工的赔偿金 8 000.00 元。

经仲裁委员会审理，裁决该公司支付张某违法解除劳动合同的赔偿金 8 000.00 元，并对其违反规章制度的情形给予警告，责令整改。

可以看出，本案例属于一个典型的劳动合同违约纠纷，其争议的焦点在于张某拒绝超时加班，快递公司能否与其解除劳动合同。《劳动法》第四十一条规定："用人单位由于生产经营需要，经与工会和劳动者协商后可以延长工作时间，一般每日不得超过一小时；因特殊原因需要延长工作时间的，在保障劳动者身体健康的条件下延长工作时间每日不得超过三小时，但是每月不得超过三十六小时。"该快递公司已经严重违反了关于延长工作时间的上限，张某拒绝违法超时加班，是在保护自己的合法权益，故仲裁委员会依法裁决该快递公司支付张某违法解除劳动合同的赔偿金。

（2）集体合同纠纷

集体合同纠纷也是劳动合同纠纷的一种，虽然比较少见，但是 HR 可事先了解防患于未然，下面就来详细了解一下集体合同。

集体合同又称团体协约、集体协议等，是工会与企事业单位及产业部门、雇主及雇主团体之间就劳动报酬、工作时间、休息休假、劳动安全卫生和保险福利等事项，经协商谈判缔结的书面协议。

《劳动法》第三十三条规定："企业职工一方与企业可以就劳动报酬、工作时间、休息休假、劳动安全卫生、保险福利等事项，签订集体合同。集体合同草案应当提交职工代表大会或者全体职工讨论通过。集体合同由工会代表职工与企业签订；没有建立工会的企业，由职工推举的代表与企业签订。"

需要注意的是，集体合同争议与集体争议之间的区别，如下所述：

①集体合同的当事人，一方是工会或职工推举的代表和企业的全体职工，另一方是用人单位；集体争议是职工一方当事人为十人以上，有共同理由的劳动争议。集体争议只能算多个个别劳动争议的集合，其实质仍然为个别劳动争议。

②集体合同争议标的是工会所代表的全体劳动者的共同劳动权利义务；集体争议标的是用人单位部分特定劳动者的劳动权利义务。

由于集体合同条例是地方性条例，详细规定可能有所差异，具体可参考当地集体合同条例的规定，这里以四川省为例，其具体内容见表 7-2。

表 7-2 集体合同的有关规定

项　目	具体阐述
内　容	根据《四川省集体合同条例》第九条规定，集体合同包括以下内容： ①企业劳动标准； ②劳动纪律； ③集体合同期限； ④变更、解除、终止集体合同的条件和程序； ⑤集体合同的监督检查； ⑥集体合同争议处理； ⑦违反集体合同的责任； ⑧双方约定的其他事项

续上表

项目	具体阐述
签订期限	集体合同期限通常为 1～3 年
变更或解除	在集体合同有效期限内，有下列情形之一的，可以变更或解除集体合同： ①签订集体合同所依据的法律法规被修改或者废止的； ②因不可抗力致使集体合同部分不能履行或者全部不能履行的； ③企业资产发生重大变动或者企业组织形式发生重大变化的； ④法律法规规定的其他情形。 变更集体合同，应按照本条例规定的签订集体合同的程序办理；解除集体合同，企业应当在合同解除 7 日前报告审查该集体合同的劳动保障部门，并提交书面说明
终止	集体合同期限届满或者双方约定的终止条件出现，集体合同即行终止

《四川省集体合同条例》第三十五条规定："因签订集体合同发生的争议包括：

（一）一方要求签订集体合同，另一方无故拖延的；

（二）对协商代表资格有异议的；

（三）对集体合同中劳动标准以及其他内容的确定产生分歧的；

（四）对平等协商签订集体合同的程序发生争议的；

（五）在集体合同签订过程中双方发生其他争议的。"

一旦签订了集体合同，对于双方当事人都具有约束力，集体合同条例对违反相关规定需要承担的责任也作出了规定。违反集体合同条例规定的，由劳动保障部门责令限期改正，逾期不改的，给予通报批评或者处以五千元以上五万元以下罚款。下面来看一个案例。

实例分析 不按规定履行集体合同需承担的后果

某棉纺集团有员工 3 000 人左右，皆与集团签订了劳动合同。2022 年 7 月 5 日集团与工会签订了集体合同，并经过了劳动行政部门的审查。在合同中约定了集团会依照国家有关规定，依法为员工办理社会保险，并按时足额缴纳。

但在实际执行过程中，截至 2024 年 3 月底，该集团累计欠缴社会保险 500.00 万元，工会于 2024 年 4 月提起仲裁，要求集团补缴拖欠的社会保险费。

仲裁委员会在审理后认为，此案属于履行集体合同发生的争议，且该集团欠缴社会保险费属于事实，对申诉人要求补缴社会保险费的请求应予以支持。遂裁决该集团依法补缴拖欠职工的社会保险费 500.00 万元。

从此案例可以看出，该集团未按规定缴纳社会保险费，未履行集体合同的义务，由此产生了集体合同纠纷。

与劳动合同一样，签订了集体合同就要认真履行，一旦产生纠纷，企业方早晚还是会对其应承担的责任负责。

7.1.4　员工辞退与离职纠纷

员工被辞退与离职也是容易产生劳动纠纷的环节，对于辞退员工的相关规定可参考《劳动合同法》第三十九条的内容，这里不再赘述。

对于违法辞退员工的，应按照我国《劳动合同法》的相关规定执行。若劳动者要求继续履行劳动合同的，用人单位应继续履行；劳动者不要求继续履行劳动合同或者劳动合同已经不能继续履行的，用人单位应按照《劳动合同法》第四十七条规定的经济补偿标准的二倍向劳动者支付赔偿金。

下面来看一个案例。

实例分析　违法辞退员工需要承担什么责任

某科技公司员工何某于 2014 年 7 月进入该公司，签订了为期 3 年的劳动合同，在工作期间因其表现良好，公司又于 2017 年 8 月为其升职，并与他签订了无固定期限劳动合同。随后何某就一直在该公司工作了 10 年，到 2024 年却收到了公司出具的劳动合同解除书。该公司以调岗后何某业绩仍不达标，不能胜任工作为由，解除劳动合同并支付补偿金。而何某认为该公司应该支付的是违法解除劳动关系的赔偿金而不是补偿金，遂提起劳动仲裁，主张该公司向其支付经济赔偿金 33.00 万元。

该公司认为何某因调整工作岗位后考核不合格被辞退，属于依法辞退，而何某认为公司没有合理评判他的工作业绩与能力，所谓的"不能胜任工作"结论不能令人信服，所谓的调岗也不存在，公司的行为违反了《劳动合同法》的相关规定。通过仲裁裁决之后，仲裁庭裁决该公司应向何某支付赔偿金。

公司不服，提起诉讼，经过一审、二审法院认为，该公司提交的证据不足，不能证明何某不能胜任工作，故公司以此为依据辞退员工构成违法，遂判令该公司向何某支付赔偿金 33.00 万元。

从此案例可以看出，该公司并不能证明何某不能胜任工作就辞退了何某，属于违法辞退，对违法辞退员工的行为进行了经济赔偿，得不偿失。所以用人单位在辞退员工时要依法进行，避免产生劳动争议，带来巨额经济赔偿。

除了用人单位辞退员工之外，还有一种是员工自行离职，是职工根据劳动法规或劳动合同的规定，提出辞去工作从而解除劳动关系，主要有以下两种情况：

①依法立即解除劳动合同，如用人单位不按合同约定支付工资、暴力威胁职工等，职工可以随时向用人单位提出解除劳动合同的要求。

②员工根据自身的情况，提前三十天以书面形式通知单位解除劳动合同关系。

对于用人单位没有过错，员工依法提前告知企业主动辞职，是不需要进行经济补偿的。需要注意的是，在员工离职之后，企业应依法出具离职证明。依法出具离职证明是企业的义务，而现实中部分企业由于各种各样的原因，拖延或者不出具离职证明，结果产生了很多劳动纠纷。

下面来看一个案例。

实例分析 拒绝出具离职证明导致的经济赔偿

赵某曾是某技术有限公司的高级管理人员，2024年赵某递交了离职申请，但却因为工作交接与该公司产生了纠纷，于是该公司拒绝为其开具离职证明，导致赵某无法入职新公司，造成一系列损失。赵某在法庭上提出，因为公司未出具离职证明给自己造成损失，应赔偿自己340.00万元的损失。经法院审理，最终判决公司应支付赔偿金10.00万元。

从此案例可以看出，无论出于何种原因，用人单位都应依法为劳动者出具离职证明，否则会承担一定的法律后果。

7.1.5 培训费用纠纷

用人单位为了提高员工职业技能，会对员工进行培训，但由于不可预测因素的影响，导致用人单位与劳动者在解除劳动合同时，经常会因为培训费用发生争议。

职工培训是劳动权利义务关系的重要内容，也应在劳动合同中约定，明确相关培训事项和违约赔偿责任，因此，劳动合同是处理培训纠纷的重要依据。一般来说，培训费用的补偿可以按照以下四种方式处理：

①如果企业确实对员工进行了培训，且能提供相关的支付凭证，才能要求职工对培训费进行赔偿。

②通常来说，只有职工单方面提出与企业解除劳动关系时，企业才可以要求职工赔偿培训费，一般不得要求其赔偿已发生的培训费。

③对于劳动者在符合规定的情况下提出的解除劳动合同，企业不得要求其赔偿培训费，除非员工违规解除劳动合同，并对用人单位造成损失的，用人单位才可以要求劳动者进行赔偿。

④若用人单位与员工签订了培训合同，可按培训合同执行；若没有签订培训合同，按劳动合同执行，但培训合同与劳动合同中关于劳动者违约赔偿的规定，不得违反有关政策法规，否则无效。

下面来看一个案例。

实例分析 培训费用纠纷分析

2021年6月，王某与某外贸服装公司签订为期两年的劳动合同。同年12月，双方签订了培训协议，该公司为王某提供一次服务顾问资质的培训，目的是为提供专业技能，协议约定王某在培训结束后，继续为外贸服装公司服务两年，若在协议期间辞职或因个人消极怠工而被辞退，则需按比例偿还相关培训费用。2024年7月，该公司以王某严重违反公司制度，以及给公司造成严重损害为由解除劳动合同，并要求王某支付培训服务违约金。

经法院审理，该公司无明确的制度规定王某的行为可以解除劳动合同，其解除劳动合同的行为不符合法律规定，故对该公司要求王某支付培训服务违约金的请求，不予支持。

此案例就属于当事人由于培训费用引发的争议，可以看出，用人单位在要求员工进行培训费用赔偿时，需要保留合法证据，否则法院不予支持。

7.1.6 企业规章制度纠纷

规章制度是用人单位管理职工、维持经营秩序的重要手段，体现了用人单位的自主权。

《劳动合同法》第四条规定："用人单位应当依法建立和完善劳动规章制度，保障劳动者享有劳动权利、履行劳动义务。

用人单位在制定、修改或者决定有关劳动报酬、工作时间、休息休假、劳动安全卫生、保险福利、职工培训、劳动纪律以及劳动定额管理等直接涉及劳动者切身利益的规章制度或者重大事项时，应当经职工代表大会或者全体职工讨论，提出方案和意见，与工会或者职工代表平等协商确定。

在规章制度和重大事项决定实施过程中，工会或者职工认为不适当的，有权向用人单位提出，通过协商予以修改完善。

用人单位应当将直接涉及劳动者切身利益的规章制度和重大事项决定公示，或者告知劳动者。"

由此可以看出，企业在制定规章制度时，一是要合理，二是在涉及职工切身利益的时候应及时与劳动者协商并告知劳动者。但是在实践中，部分用人单位的规章制度制定得并不合理，或者没有及时告知劳动者，由此导致了劳动纠纷的产生。下面来看一个案例。

实例分析 未向劳动者公示规章制度需承担的后果

谢某于2022年7月12日入职某企业，职位为销售。2024年5月18日，该企业以谢某在2024年5月旷工18天，严重违反规章制度为由，通知谢某解除劳动合同。谢某认为，他的职位是销售，需要外出，由于工作性质不能以考勤打卡情况作为其是否上班的评判标准，该企业也未向他明确告知过具体的规章制度，以此解除劳动合同是违法解除，故提出仲裁，要求该企业支付赔偿金50 000.00元。后仲裁委员会支持了谢某的请求。

该企业不服，诉至法院，法院经审理认为该企业长期未严格按照考勤办法对谢某进行管理，也没有对谢某的考勤情况进行过任何处理，以此为由解除劳动关系，存在明显不当，故判决该企业支付给谢某违法解除劳动合同的赔偿金49 000.00元。

由此案例可以看出企业制定规章制度向劳动者公示的重要性，没有向劳动者进行合理公示的制度，对劳动者不具有约束力。企业可以通过以下方式向劳动者公示相关规章制度，并保留证据。

采取集体学习的方式：组织全体劳动者集体学习，并让劳动者在学习完之后签字确认。

采取公开发布的方式：如在企业官网、公告栏等公开区域发布，使全体员工都可以看到。

采取资料发放的形式：如以手册的形式发放给员工阅读，并在阅读完之后签字确认。

7.1.7 常见工伤纠纷

工伤纠纷在劳动争议中占有很大比例，常见的工伤纠纷见表7-3。

表 7-3 常见工伤纠纷

原因	纠纷
用人单位的原因	①用人单位不愿承担工伤赔偿费用或怕被安检部门检查和处罚而不肯申请工伤认定的。 ②用人单位否认与受伤职工存在劳动关系，从而不愿申请工伤认定，或者不愿承担工伤待遇等相关支出。 ③用人单位对认定为工伤的结论不服而提出行政复议或诉讼的
劳动者原因	工伤职工对劳动能力鉴定结论不服或存在争议，提出再次鉴定的
其他	①客观事实不明或相关证据不足，使受伤职工、用人单位、劳动部门三方对是否属于工伤产生争议的。 ②受伤职工或用人单位对工伤医疗费用及其他工伤待遇的承担（包括应承担的项目、计算标准、计算方法）存有争议

从表 7-3 中可以看出，虽然工伤纠纷既有用人单位的原因，也有劳动者的原因和其他客观原因，但是用人单位若想减少工伤纠纷还得从自身出发，合法合理地处理工伤纠纷。具体可参考以下措施：

①依法为员工缴纳工伤保险，且应该将参加工伤保险的有关情况在本单位进行公示，没有按时缴纳的也需要及时进行补缴。

②严格遵守有关安全生产和职业病防治的法律法规，执行安全卫生规程和标准，预防工伤事故发生，避免和减少职业病危害。

③完善规章制度，对员工进行职业培训，强化安全意识，落实各项安全防护措施。

④发生工伤时及时进行工伤认定申请，遇到争议时积极配合调查，及时进行举证。

下面来看一个案例。

实例分析 发生工伤事故后用人单位不肯赔付需承担的后果

林某于 2023 年 10 月入职某汽车公司，但该公司未给林某缴纳工伤保险，2024 年 3 月林某在下班途中遭遇交通事故当场死亡，经相关部门认定为工伤。林某亲属提起仲裁，经仲裁裁决该公司赔偿林某工伤保险待遇 80.00 万元。

该公司认为林某因交通事故死亡，应向侵权人主张权益，故拒绝赔付，提起诉讼。

经法院审理认为，该公司未依法给林某缴纳工伤保险，应由该公司按工伤保险条例规定的工伤保险待遇项目和标准支付费用，判决该公司向林某亲属支付因林某工亡而产生的工伤保险待遇80.00万元。

由此案例看出，该公司未依法为员工缴纳工伤保险，且在事故发生后推诿责任，拒绝进行赔付，导致了巨额赔偿。所以用人单位想要避免工伤纠纷，须依法为员工缴纳工伤保险，在事故发生之后也要积极解决而不是推诿责任，否则会承担更严重的后果。

7.1.8 女性职工"三期"纠纷

女性职工的"三期"通常指的是孕期、产期和哺乳期，一般是到婴儿一周岁。从女职工在孕期、产期、哺乳期期间，用人单位不得依照《劳动合同法》第四十条、第四十一条的规定解除劳动合同，劳动合同应当续延至相应的情形消失时终止。

但事实上很多用人单位并不完全了解女性职工的权益，或者因为种种原因违法解除"三期"女性职工的劳动合同，从而产生纠纷。"三期"女性职工的权益是受到法律保护的，HR应该了解"三期"职工的合法权益，避免产生纠纷。

对"三期"女性职工的权益作了以下规定，见表7-4。

表7-4 "三期"女性职工的权益

权　益	具体阐述
特殊假期	《女职工劳动保护特别规定》第七条和第九条对女性职工的产假和哺乳假作出了以下规定： 第七条规定，女职工生育享受98天产假，其中产前可以休假15天；难产的，增加产假15天；生育多胞胎的，每多生育1个婴儿，增加产假15天。女职工怀孕未满4个月流产的，享受15天产假；怀孕满4个月流产的，享受42天产假。 第九条规定，对哺乳未满1周岁婴儿的女职工，用人单位不得延长劳动时间或者安排夜班劳动。用人单位应当在每天的劳动时间内为哺乳期女职工安排1小时哺乳时间；女职工生育多胞胎的，每多哺乳1个婴儿每天增加1小时哺乳时间
工　资	用人单位不得因女职工怀孕、生育、哺乳降低其工资、予以辞退、与其解除劳动或者聘用合同

续上表

权益	具体阐述
生育津贴	女职工产假期间的生育津贴，对已经参加生育保险的，按照用人单位上年度职工月平均工资的标准由生育保险基金支付；对未参加生育保险的，按照女职工产假前工资的标准由用人单位支付。 女职工生育或者流产的医疗费用，按照生育保险规定的项目和标准，对已经参加生育保险的，由生育保险基金支付；对未参加生育保险的，由用人单位支付
工作时间	根据《女职工劳动保护特别规定》第六条第二款规定，对怀孕7个月以上的女职工，用人单位不得延长劳动时间或者安排夜班劳动，并应当在劳动时间内安排一定的休息时间

用人单位若是违反《女职工劳动保护特别规定》第六条第二款、第七条、第九条第一款规定的，由县级以上人民政府人力资源和社会保障行政部门责令限期改正，按照受侵害女职工每人1 000元以上5 000元以下的标准计算，处以罚款。

下面来看一个案例。

实例分析 用人单位无故解除哺乳期女职工的责任分析

白某自2022年8月5日入职某能源公司，双方未签订书面劳动合同。白某于2024年3月4日生育小孩。在哺乳期内，该能源公司微信告知白某并与其解除劳动关系。白某认为能源公司在其哺乳期解除劳动合同违法，遂提起仲裁，仲裁机构不予受理。白某诉至法院，要求能源公司支付违法解除劳动合同的赔偿金、未签订劳动合同的两倍工资，以及拖欠的工资。经法院判决，该公司需要支付违法解除劳动合同的赔偿金及两倍工资。

由上述案例可知，用人单位违法解除与"三期"女性职工的劳动关系，是需要承担相关责任的。所以，用人单位应依法合理保障"三期"女性职工的权益，避免劳动纠纷以及各项赔偿等损失。

除了违法解除劳动合同外，常见的"三期"女性职工争议还有以下情况：

(1) 用人单位是否可以调整"三期"女职工的岗位

工作岗位作为劳动合同的一项重要内容，其变更或调整应遵循平等自愿、协商一致的原则。用人单位可以单方面行使变更权的情况主要有以下三种：

①"三期"女职工不能胜任本职工作，用人单位可以调整其岗位。

②用人单位根据《女职工劳动保护特别规定》，将"三期"女职工从禁忌工作岗位上调整到非禁忌工作岗位上。

③特定情况下，用人单位可以进行单方调岗，但必须符合法律规定，而且具有合理性，用人单位必须有充分的证据证明其合理性。

（2）用人单位能否辞退超过医疗期的女职工

虽然超过医疗期而不能从事原工作的，用人单位可以解除劳动合同，但如果女职工在怀孕期间，根据《劳动合同法》第四十二条规定，用人单位不能依照第四十条、第四十一条的规定解除劳动合同。因此，怀孕女职工超过医疗期的，用人单位也不能解除劳动合同。

（3）用人单位是否可以解除虚假提供生育情况的女职工

虽然以欺诈手段订立的劳动合同无效或者部分无效，但是劳动者的家庭状况、婚姻状况和兴趣爱好等事项与应聘的岗位通常无直接关系，并不会影响其工作能力，故女职工担心因生育情况带来就业压力而虚假提供生育情况的不构成欺诈。

若用人单位以女职工在签订劳动合同时对生育状况的瞒报而解除劳动合同的，会面临违法解除劳动合同的法律风险，用人单位需谨慎对待。

（4）用人单位违法解除与"三期"女职工的劳动合同如何赔偿

用人单位违法解除与"三期"女职工的劳动合同，若"三期"女职工要求继续履行劳动合同的，双方继续履行劳动合同；造成劳动者工资收入损失的，用人单位还需要支付工资；"三期"女职工不要求继续履行劳动合同或者劳动合同已不能继续履行的，视为双方解除劳动合同，并依照《劳动合同法》第四十八条和第八十七条的规定，由用人单位依照经济补偿标准的两倍向"三期"女职工支付赔偿金。

下面来看一个案例。

实例分析 用人单位解除虚假提供生育状况的女职工的责任分析

陈某于2023年4月12日入职某网络公司，双方签订了劳动合同，合同期限为2023年4月12日至2026年4月30日。陈某在填写应聘人员登记表时，虚报了自己的婚育状况。2024年6月11日，该公司以陈某在填写应聘人员登记表时虚报自己的婚姻状况、违反员工手册的规定为由，出具了劳动合同解除通知书，提出于 2024 年 6 月 12 日起解除与陈某的劳动合同。

在该公司提出解除劳动关系时，陈某已经怀孕。被公司解除劳动合同后，陈某申请仲裁要求公司继续履行劳动合同，仲裁委员会驳回了陈某的要求。陈某不服，提起诉讼，经过一审、二审，法院认为虽然陈某虚报了自己的婚育状况，但是婚育状况与劳动合同的履行没有直接必然的关系。

此外，该公司在解除劳动合同时陈某已经怀孕，陈某要求该公司继续履行劳动合同并无过错。同时对于该公司提出陈某的岗位已撤销，不具备继续履行劳动合同条件的主张，法院认为即使该岗位取消了，也可以与陈某进行协商换岗位，而不是单方面解除劳动合同，故法院判定该公司继续与陈某履行劳动合同。

由此案例可以看出，虽然该员工虚报了婚育状况，但用人单位单方解除劳动合同的责任还是在自身，所以用人单位在与"三期"女性职工产生劳动纠纷时，应合理合法解决。

7.2 如何解决劳动纠纷

虽然劳动纠纷是无法完全避免的，但是在日常管理工作中，企业可以采取一些有效措施进行防范，如了解劳动纠纷常见的解决途径，一旦发生劳动纠纷也知道如何解决。

7.2.1 清楚劳动纠纷的处理程序

在发生劳动纠纷之后，通常会按照以下程序来进行处理，具体介绍如下所述：

第一步，双方进行协商。双方若能通过协商方式自行和解，是解决争议最省时、省力的途径。当然协商解决是以双方自愿为基础的，不愿协商或者经过协商不能达成一致，当事人可以选择进行下一项程序。

第二步，劳动争议调解。调解是解决劳动纠纷的重要原则，当事人可以向用人单位所在地劳动争议调解委员会申请调解。调解是自愿的，只有双方当事人都同意申请调解，调解委员会才能受理该案件。但是，工会与用人单位因履行集体合同发生争议，不适用调解程序，当事人应直接申请仲裁。通常，劳动争议调解委员会进行调解有以下五个步骤，如图 7-2 所示。

制作调解申请书

双方以口头或书面形式向劳动争议调解委员会提出调解请求，调解申请可以由双方共同提出，也可以由一方提出，但必须经双方同意

受理案件

调解委员会收到调解申请后，进行受理。在审查中，委员会主要审查三个方面，一是调解申请人的资格；二是争议案件是否属于劳动争议案件；三是纠纷案件是否属于调解委员会受理的范围。调解委员会审查案件后，作出是否受理的决定

进行调查

调解案件受理后，调解委员会进行调查。调查的内容包括，双方争议的事实，以及申请调解的意见和依据；参与调查的其他有关人员、单位和部门及其对争议的态度和看法；查阅相关劳动法律法规、劳动合同或争议双方签订的集体合同等

实施调解

调解委员会通过召开调解会议，调解纠纷双方的分歧。参加人员为争议双方或其代表，其他有关部门或个人也可参加。最后达成调解协议

执行调解协议

调解协议达成后，争议双方应当自觉履行达成的调解协议内容

图 7-2　劳动争议调解步骤

第三步，劳动争议仲裁。劳动仲裁也是解决企业劳动争议的一个办法，劳动仲裁一般要经历以下阶段：

①案件受理阶段：这一阶段主要包括两项工作，一是当事人在规定的时效内向劳动争议仲裁委员会提交请求仲裁的书面申请；二是案件受理，仲裁委员会在收到仲裁申请后一段时间内要作出受理或不受理的决定。

②调查取证阶段：包括撰写调查提纲，根据调查提纲进行有针对性的调查取证，核实调查结果和有关证据等。

③调解阶段：仲裁庭在查明事实的基础上，首先会努力促使双方当事人自愿达成协议，对达成协议的，仲裁庭还需制作仲裁调解书。

④裁决阶段：经仲裁庭调解无效或仲裁调解书送达前当事人反悔，调解失

败的，劳动争议的处理便进入裁决阶段。仲裁庭作出裁决后应制作调解裁决书。当事人对裁决不服的，可在规定时间内向法院起诉。

第四步，劳动争议诉讼。劳动争议诉讼是人民法院按照《中华人民共和国民事诉讼法》（以下简称《民事诉讼法》）法规的程序，以劳动法规为依据，按照劳动争议案件进行审理的活动。

7.2.2 明确纠纷诉讼时效与举证责任

诉讼时效是劳动纠纷的仲裁时效和劳动争议的诉讼时效，超过劳动争议仲裁时效再提起诉讼的丧失胜诉权，所以 HR 需要在规定的时间内进行诉讼与举证。劳动争议案件的仲裁时效是 60 天，具体从当事人自知道或者应当知道自己的劳动合同权利被侵犯之日算至以后的 60 日（不含因不可抗力而中断的期间）内向劳动争议仲裁委员会提起劳动争议仲裁。

在处理劳动纠纷时，最重要的是保留证据，进行举证，如此就会涉及举证责任，那么什么是举证责任呢？举证责任是当事人对自己提出的请求，有提出证据加以证明的责任，如果当事人提不出证据或所提供的证据不足以证明其主张的，其主张是无法获得法律支持的。举证责任主要包括以下两方面的内容：

①举证责任的承担者，即由谁提供证据证明案件的事实。

②如果不能举出充足的证据证明案件的事实，由谁承担后果。

在劳动纠纷案件中，举证责任的分配原则上是遵循的普通民事诉讼规则，即"谁主张谁举证"。但是，由于在劳动关系中用人单位处于强势地位，劳动者处于弱势地位，很多证明材料都在用人单位手里，一旦发生纠纷，劳动者往往很难取得这些证据。为了保护劳动者的权益，我国相关法律也作了特殊规定，《劳动争议调解仲裁法》第六条规定："发生劳动争议，当事人对自己提出的主张，有责任提供证据。与争议事项有关的证据属于用人单位掌握管理的，用人单位应当提供；用人单位不提供的，应当承担不利后果。"

《最高人民法院关于审理劳动争议案件适用法律问题的解释（一）》第四十四条规定："因用人单位作出的开除、除名、辞退、解除劳动合同、减少劳动报酬、计算劳动者工作年限等决定而发生的劳动争议，用人单位负举证责任。"

下面来对举证责任的分配进行详细了解，见表 7-5。

表 7-5　举证责任的分配

事项	举证责任
劳动关系认定	①劳动者主张存在劳动关系，但用人单位否认的，由劳动者举证。 ②用人单位否认存在劳动关系，但是经劳动者举证证明可能存在劳动关系的，用人单位应提供职工工资发放名册、缴纳各项社会保险费的记录及考勤记录等材料来证明是否存在劳动关系
入职、离职时间	用人单位主张的入职或离职时间与劳动者主张不一致的，应当拿出入职登记表、离职交接表和劳动合同等来证明
未订立劳动合同的两倍工资	劳动者主张未订立书面劳动合同的两倍工资，由用人单位举证证明签订、补签、续签了合同或举证证明因劳动者原因未签订、续签劳动合同
加班工资争议	劳动者主张加班的，原则上由劳动者举证证明存在用人单位安排的加班事实；若是劳动者有证据证明用人单位的考勤、工资表能够证明加班事实的，由用人单位提交考勤、工资表
拖欠工资争议	①劳动者主张未足额发放正常工作时间的工资，由劳动者举证证明正常工作时间工资的数额；由用人单位举证证明足额发放了正常工作时间的工资。 ②劳动者主张用人单位克扣、拖欠工资的，由用人单位举证证明两年内的工资等报酬支付情况。用人单位减发劳动者工资等报酬的，需要说明原因及依据；用人单位延期支付劳动者工资等报酬的，应举证证明延期支付的原因
提成、年终奖、补贴等待遇	劳动者主张提成、年终奖、补贴和津贴等待遇的发放，原则上由劳动者一方举证证明存在这类待遇、计算方式及具体数额；若是用人单位制订的规章制度、员工手册或签订的合同内有明确规定的，由用人单位举证为何不发
经济补偿、赔偿金等	劳动者主张经济补偿金、赔偿金的，如果是劳动者主动辞职的，以及合同到期终止的，由劳动者举证证明辞职原因，以及劳动合同到期时间；若是用人单位作出解除、终止劳动关系决定的，由用人单位证明其决定的合法性
工伤待遇	劳动者主张工伤待遇的，由劳动者举证证明工伤认定、伤残等级鉴定结论、工伤住院治疗起止时间及费用、交通费、食宿费和康复器具费用；用人单位否认是工伤的，由用人单位举证证明

下面来看一个案例。

实例分析　未在举证期限内提交证据导致的不利后果

江某于2023年5月5日到某服装公司工作，称其多次要求该公司签订劳动合同，但该公司拒签，协商未果情况下，于2024年5月离职。在离职之后要求公司支付未订立劳动合同的两倍工资，该公司称江某是2023年8月才到公司的，且公司已与其签订了2023年8月到2024年8月的劳动合同。

庭审中，该公司仅提交了劳动合同复印件，未提供原件，称原件在公司，江某对此不服。经仲裁委员会同意，该公司在庭后提交原件，但该公司后来未在仲裁委员会指定的期限内提交该劳动合同原件。最终，裁决该公司应依法支付江某未订立劳动合同两倍工资。

由此案例可以看出，负有举证责任的当事人未在规定期限内提供证据会承担不利后果。若当事人在举证期限内提交证据材料确有困难的，应当在举证期限内向仲裁委员会申请延期举证，经仲裁委员会准许，可以适当延长举证期限。在实践中，举证不能的情况屡见不鲜，当事人应充分认识到在规定期限内提交材料或者申请延期举证是多么的重要。

下面再来看一个案例。

实例分析　举证责任分配的争议

王某于2024年7月到上海某家公司工作，约定月薪为2 500.00元，每月10号发放工资，但双方未签订书面劳动合同。后公司称王某工作业绩不达标，多次受到领导的批评也未改正，2024年12月7日王某结束工作之后就未到公司去了，未办理工作交接但也领取了当月工资。

2024年12月15日王某提起劳动仲裁，要求该公司支付未提前30天通知就解除劳动合同的代通知金，以及经济补偿金。经仲裁，该公司需要支付给王某12月工资620.00元及解除劳动合同的经济补偿金2 500.00元。该公司不服，认为王某是擅自离职，不符合支付经济补偿金的情况，遂提起诉讼。

庭审中，王某称自己是被公司无故辞退的，该公司称王某是自动离职的，但该公司一直未提交对王某作出任何处理的证据。经一审认为，王某虽未与该公司签订劳动合同，但已形成事实劳动关系，其享有劳动者的合法权益，故维持原判。该公司不服，再次诉讼，经法院二审认为王某与该公司形成的事实劳动关系成立，公司对解除劳动合同负有举证责任，但是该公司未有充足证据证明王某是自动离职的，且至今也未对王某作出任何处理决定，应承担不利后果，故维持原判。

由上述案例可以看出，双方争议的焦点在于举证责任的承担问题。关于经济补偿金、代偿金等举证责任的分配，若用人单位作出解除、终止劳动关系决定的，应由用人单位证明其决定的合法性。但在该案例中，用人单位无法举证证明王某的过错，故最终由用人单位承担了责任。

7.2.3 做好劳动纠纷预防工作

劳动纠纷一旦发生，难免会消耗企业很多的人力、物力及时间成本等，所以 HR 在日常工作中应尽量避免劳动纠纷，及时做好防范工作，具体可以参考以下四个方面：

（1）依法签订劳动合同

依法签订劳动合同是用人单位应履行的责任与义务，企业应严格按照《劳动合同法》的要求与劳动者订立劳动合同，明确劳动合同的内容，尽量全面、细致，以免产生歧义。

（2）依法保护劳动者的权益

签订劳动合同时，涉及劳动者利益的事项，如劳动报酬、各项福利待遇等，需要如实告知劳动者，建立合法的薪酬与福利政策、奖惩制度等。同时也要建立完备的休息休假制度，依法保障员工的权益。

（3）重视收集和保留证据

劳动纠纷的产生既可能是用人单位的原因，也可能是劳动者的原因，用人单位在处理劳动纠纷时也需要保障自己的合法权益。所以在日常工作中需要注意保留考勤记录、工资发放等证据，也要注意收集与保留员工违规的证据，避免无法举证的情况。

（4）吸取经验教训，完善规章制度

若用人单位在工资的发放、劳动合同的签订与解除及规章制度的制定等方面存在不规范的地方，就很容易产生劳动纠纷，用人单位自身应规范各项规章制度，合法执行。同时，产生劳动纠纷时也要注意吸取教训，总结经验。

7.2.4 协商方式解决劳动纠纷

协商是劳动者与用人单位就争议的问题直接进行协商，寻找解决纠纷的方法，这也是最简便、省时、省力的方法。一般可以通过以下三种方法进行：

①劳动者与用人单位自行协商。
②通过企业工会进行协商。
③委托其他组织或个人作为其代表进行协商。

协商是建立在当事人双方自愿的基础上进行的，应当根据事实和有关法律法规的规定，遵循平等、自愿、合法、公正和及时的原则。若一方当事人提出协商之后，另一方当事人应当积极作出口头或书面回应，五日内不作出回应的，视为不愿意协商。协商的期限由当事人书面约定，在约定的期限内没有达成一致的，视为协商不成。当事人可以书面约定延长期限。

若双方协商达成一致的，应当签订书面和解协议，和解协议对双方当事人具有约束力，当事人应当履行。若双方不愿意协商或者协商不成，或达成和解协议之后不履行的，可以向劳动人事争议调解组织申请调解，也可以向仲裁委员会申请仲裁。

7.2.5 调解方式解决劳动纠纷

调解是解决劳动争议的方法之一，是双方当事人在调解委员会、法院等组织下，通过自愿协商达成协议解决民事争议的方法。根据调解主体的不同，调解又可以分为人民调解、法院调解、行政调解和仲裁调解四种，具体介绍如下：

（1）人民调解

人民调解是属于群众性质的调解，通过人民调解委员会进行调解，属于诉讼外调解。在进行人民调解时应遵循以下原则：

自愿平等：自愿平等是人民调解最基本的原则，当事人既可以选择接受调解，也可以选择拒绝调解，在调解过程中平等地享有权利和义务，达成调解协议需要尊重当事人的意愿。

合理合法：人民调解必须依据法律、法规进行调解，若是法律规定了只能由专门机构处理的，或者禁止采用人民调解方式调解的，人民调解委员会不得进行调解。

尊重诉权：尊重当事人权利是人民调解的保障，接受、拒绝、终止调解都是当事人的合法权益，不得阻挠、干涉当事人行使自身权利。

（2）法院调解

法院调解是在人民法院的主持下，对于受理的案件进行调解，属于诉讼内调解。我国对法院调解作出了相关规定，具体内容见表 7-6。

表 7-6　法院调解的内容

内　容	具体阐述
调解方式	《民事诉讼法》第九十七条第一款和第九十八条对调解的方式作出了相关规定，如下所述： 第九十七条第一款规定，人民法院进行调解，可以由审判员一人主持，也可以由合议庭主持，并尽可能就地进行。 第九十八条规定，人民法院进行调解，可以邀请有关单位和个人协助。被邀请的单位和个人，应当协助人民法院进行调解
调解协议	达成调解协议，必须双方自愿，不得强迫。调解协议的内容不得违反法律规定
调解书	达成调解协议的，人民法院应当制作调解书，调解书应当写明诉讼请求、案件的事实和调解结果。调解书经双方当事人签收后，即具有法律效力。不过下列情况是可以不用制作调解书的： ①调解和好的离婚案件； ②调解维持收养关系的案件； ③能够即时履行的案件； ④其他不需要制作调解书的案件。 对不需要制作调解书的协议，应当记入笔录，由双方当事人、审判人员、书记员签名或者盖章后，即具有法律效力
调解结果	根据《民事诉讼法》第一百零二条规定，调解未达成协议或者调解书送达前一方反悔的，人民法院应当及时判决

由表 7-6 的内容可知，在达成调解时都会签订调解协议，会由法院制作调解书，调解书是法院确认当事人调解协议内容的法律文书，只有调解书才能成为执行的根据。那么调解协议与调解书有何区别呢？在实践中，签订调解协议时，调解协议的内容往往不够准确，法院会对调解协议加以整理，但不是照抄协议的文字表述，而是在遵循调解协议原内容的基础上制作更为规范的调解书。下面来看一个调解书模板，如图 7-3 所示。

××××人民法院

民事调解书

(××××)……民初……号
原告：×××，……
法定代理人/指定代理人/法定代表人/主要负责人：×××，……
委托诉讼代理人：×××，……
被告：×××，……
法定代理人/指定代理人/法定代表人/主要负责人：×××，……
委托诉讼代理人：×××，……
第三人：×××，……
法定代理人/指定代理人/法定代表人/主要负责人：×××，……
委托诉讼代理人：×××，……
(以上写明当事人和其他诉讼参加人的姓名或者名称等基本信息)
原告×××与被告×××、第三人×××……(写明案由)一案，本院于××××年××月××日立案后，依法适用普通程序，公开/因涉及……(写明不公开开庭的理由)不公开开庭进行了审理(开庭前调解的，不写开庭情况)。
……(写明当事人的诉讼请求、事实和理由)。
本案审理过程中，经本院主持调解，当事人自愿达成如下协议/当事人自行和解达成如下协议，请求人民法院确认/经本院委托……(写明受委托单位)主持调解，当事人自愿达成如下协议：
一、……
二、……
(分项写明调解协议内容)
上述协议，不违反法律规定，本院予以确认。
案件受理费……元，由……负担(写明当事人姓名或者名称、负担金额。调解协议包含诉讼费用负担的，则不写)。
本调解书经各方当事人签收后，即具有法律效力/本调解协议经各方当事人在笔录上签名或者盖章，本院予以确认后即具有法律效力(各方当事人同意在调解协议上签名或者盖章后发生法律效力的)。

审　判　长　　×××
审　判　员　　×××
审　判　员　　×××

××××年××月××日
（院印）

本件与原本核对无异
　　书　记　员　　×××

图 7-3　法院调解书模板（示意）

与法院判决一样，法院调解也具有一样的效力，调解书、调解笔录及附卷的调解协议生效后，即产生与生效判决同等的法律效力，具体表现在以下方面：

确认当事人之间的民事权利义务：法院调解生效后，当事人之间争议的民事权利义务得以确认，民事纠纷得以解决。当事人不得就同一争议再行起诉。

结束诉讼程序：法院调解生效后，诉讼程序即结束，人民法院不得对同一案件再行审理或另行作出裁决，当事人也不得提起上诉。

具有强制执行力：调解协议生效后，当事人应按照调解协议所确认的义务自觉履行。一方当事人拒绝履行时，另一方当事人有权向人民法院申请强制执行。

（3）行政调解

行政调解是国家行政机关依照法律规定对某些特定民事纠纷、经济纠纷或劳动纠纷等进行的调解，属于诉讼外调解。

（4）仲裁调解

仲裁调解是仲裁机构对受理的仲裁案件进行的调解，调解不成即行裁决，是诉讼外调解。

下面来看一个案例。

实例分析 通过调解方式解决劳动纠纷

杨某等六人均属广东省某企业职工，2024年5月，该企业受市场环境的影响，经济效益下滑，经营困难，于是安排杨某等六人先回家待岗。为了维护自身合法权益，杨某等人在7月申请了劳动仲裁，以未缴纳社会保险费为由，申请解除劳动合同并支付经济补偿金、失业金、带薪年休工资及待岗期间生活费等。经劳动仲裁裁决后，予以支持杨某等人的决定。该企业不服，遂提起诉讼。

法院在受理案件之后，了解了员工的诉求，也了解了该企业的情况，于是积极召集双方当事人进行调解，从法律角度阐明企业应承担的责任，希望企业能够主动承担起应负的责任与义务，也通过对劳动者的引导，让他们明白企业面临的经营现状，引导双方互谅互让。

最终，杨某等六人与该企业达成调解协议。企业同意解除与杨某等六人的劳动合同，同时根据杨某等人的工作年限、工资收入情况等，一次性支付其20 000.00元至44 000.00元不等的经济补偿金、带薪年休假工资、待岗生活费等，劳动争议涉及费用共计约 30.00 万元，使此次案件得以解决。

从上述案例可以看出，该案件采用了法院调解的方式，双方均作出退让，对各自都有好处。对于劳动者来说，拿到了应有的补偿，对于用人单位来说，使得该纠纷尽快得到了解决。虽然用人单位付出了一定的经济赔偿，但也是用人单位应履行的责任，若用人单位迟迟不履行该责任，消耗的时间成本、经济赔偿可能还会更多。

拓展贴士 诉讼外调解与诉讼内调解

诉讼外调解也称"庭外调解"，是指由除人民法院之外的其他组织主持，就当事人争议的问题进行调解，从而解决纠纷所进行的调解。主要包括人民调解、行政调解与仲裁调解；诉讼内调解也称为"法院调解"，是指在人民法院审判组织的主持下，诉讼双方当事人平等协商，达成协议，解决劳动纠纷的一种方式。二者的区别主要体现在以下三点：

性质不同：诉讼外调解含有人民法院进行审判的性质，诉讼内调解则是当事人在诉讼中对自己的诉讼权利和实体权利的处分。

参与主体不同：诉讼外调解只有双方当事人参加，诉讼内调解是由法院和双方当事人共同参加。

效力不同：诉讼外调解达成的和解协议不具有执行力，诉讼内调解制作的调解书生效之后，有给付内容的，具有强制执行力。

7.2.6 仲裁方式解决劳动纠纷

在协商或者调解之后，若是劳动纠纷还没有解决，则双方当事人可以进行仲裁。需要注意的是，劳动争议必须先申请仲裁才能提起诉讼。下面就来了解一下通过仲裁方式解决劳动纠纷。

仲裁是解决平等主体的公民、法人和其他组织之间发生的合同纠纷及其他财产权益纠纷的一种解决方式。与其他解决纠纷的方式相比，仲裁主要具有以下特点：

更大的选择性：仲裁当事人可以协议选择仲裁机构、选任仲裁员及选择审理的方式。

仲裁解决争议的范围小：可仲裁的范围仅限于平等主体的公民、法人和其他组织之间发生的合同纠纷与其他财产权益纠纷；仲裁的审理以不公开为原则。

实行一裁终局制：即一旦作出裁决就发生法律效力。

采用仲裁方式解决劳动纠纷，成本相对较低，效率也比较高，是处理劳动纠纷的一个重要方式。《劳动争议调解仲裁法》第四十七条规定："下列劳动争议，除本法另有规定的外，仲裁裁决为终局裁决，裁决书自作出之日起发生法律效力：

（一）追索劳动报酬、工伤医疗费、经济补偿或者赔偿金，不超过当地月最低工资标准十二个月金额的争议；

（二）因执行国家的劳动标准在工作时间、休息休假、社会保险等方面发生的争议。"

劳动者对第四十七条规定的仲裁裁决不服的，可以自收到仲裁裁决书之日起十五日内向人民法院提起诉讼。

第四十九条规定："用人单位有证据证明本法第四十七条规定的仲裁裁决有下列情形之一，可以自收到仲裁裁决书之日起三十日内向劳动争议仲裁委员会所在地的中级人民法院申请撤销裁决：

（一）适用法律、法规确有错误的；

（二）劳动争议仲裁委员会无管辖权的；

（三）违反法定程序的；

（四）裁决所根据的证据是伪造的；

（五）对方当事人隐瞒了足以影响公正裁决的证据的；

（六）仲裁员在仲裁该案时有索贿受贿、徇私舞弊、枉法裁决行为的。

……………

仲裁裁决被人民法院裁定撤销的，当事人可以自收到裁定书之日起十五日内就该劳动争议事项向人民法院提起诉讼。"

同时，若当事人对《劳动争议调解仲裁法》第四十七条规定以外的其他劳动争议案件的仲裁裁决不服的，也可以自收到仲裁裁决书之日起十五日内向人民法院提起诉讼；期满不起诉的，裁决书发生法律效力。

生效的仲裁调解书、裁决书对当事人具有法律约束力，当事人应当依照规定的期限履行。一方当事人逾期不履行的，另一方当事人可以依照民事诉讼法的有关规定向人民法院申请执行。

下面来看一个案例。

实例分析 通过仲裁方式解决劳动纠纷

李某于2024年3月入职某设计公司，担任会计并兼任财务主管一职，月薪为 7 000.00 元。由于该公司未建立规范的财务制度，平时对外付款流程为出纳出示付款申请单，交由李某审核，再由李某与出纳共同操作 U 盾完成付款。

2024 年 7 月 6 日，该设计公司出纳的 QQ 账号接到与公司经理姓名一致的 QQ 账号发来的付款信息，出纳便向李某出具付款申请单，告知李某公司经理指示付款，两人均未通过其他途径向公司经理核实确认，随后两人操作 U 盾对外付款 40.00 万元。

付款后李某得知公司经理未发送上述付款信息，向出纳发送付款信息的 QQ 账号是伪造的。该设计公司向公安机关报案后未能追回损失。2024 年 7 月 12 日，李某签署财务主管失职检讨书，表示失职，并愿意赔偿公司的经济损失。但双方未能就赔偿金额达成一致，该公司便向仲裁委员会提出仲裁申请。经仲裁裁决要求李某赔付该公司经济损失 2.00 万元。

从上述案例可以看出，由于劳动者的过错导致该公司产生了巨大的经济损失，双方也未能就赔偿金额达成一致，通过仲裁裁决，最终裁定劳动者赔偿公司经济损失 2.00 万元。

7.2.7 诉讼方式解决劳动纠纷

诉讼是指人民法院依照法律规定，在当事人和其他诉讼参与人的参加下，依法解决诉讼争议的活动。诉讼又可以分为民事诉讼、行政诉讼和刑事诉讼，劳动纠纷属于民事诉讼。

民事诉讼的程序包括第一审普通程序、简易程序、第二审程序和特别程序，具体介绍如下所示：

（1）第一审普通程序

《民事诉讼法》第一百二十二条规定："起诉必须符合下列条件：
（一）原告是与本案有直接利害关系的公民、法人和其他组织；
（二）有明确的被告；
（三）有具体的诉讼请求和事实、理由；
（四）属于人民法院受理民事诉讼的范围和受诉人民法院管辖。"

对于劳动纠纷若采用民事诉讼方式的，应当向人民法院递交起诉状，且起诉状应当载明以下内容：

①原告的姓名、性别、年龄、民族、职业、工作单位、住所、联系方式，

法人或者其他组织的名称、住所和法定代表人或者主要负责人的姓名、职务、联系方式。

②被告的姓名、性别、工作单位、住所等信息，法人或者其他组织的名称、住所等信息。

③诉讼请求和所根据的事实与理由。

④证据和证据来源，证人姓名和住所。

人民法院在审理民事案件时，通常会公开进行，但涉及商业机密的除外，当事人申请不公开的，也可以不公开审理。在进行开庭审理时，法庭调查会按照以下顺序进行，如图7-4所示。

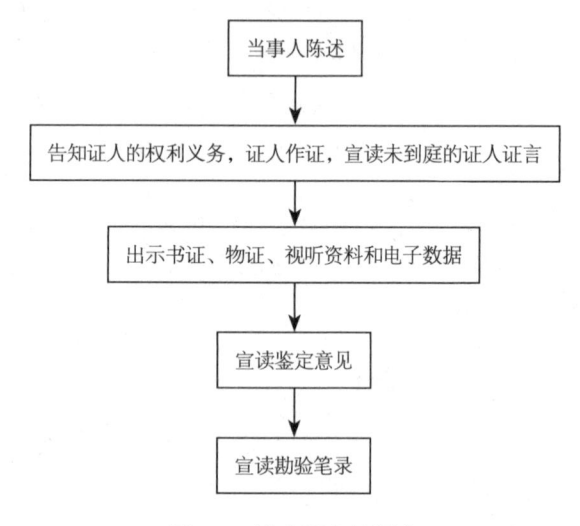

```
当事人陈述
    ↓
告知证人的权利义务，证人作证，宣读未到庭的证人证言
    ↓
出示书证、物证、视听资料和电子数据
    ↓
宣读鉴定意见
    ↓
宣读勘验笔录
```

图 7-4　法庭调查的顺序

人民法院适用普通程序审理的案件，通常会在立案之日起六个月内审结。有特殊情况需要延长的，经过批准，可以延长六个月。还需要延长的，报请上级人民法院批准。

（2）简易程序

简易程序主要针对一些事实清楚、权利义务关系明确、争议不大的简单的民事案件。人民法院适用简易程序审理案件的，会在立案之日起三个月内审结。有特殊情况需要延长的，经过批准，可以延长一个月。

（3）第二审程序

《民事诉讼法》第一百七十一条规定："当事人不服地方人民法院第一审判

决的，有权在判决书送达之日起十五日内向上一级人民法院提起上诉……"上诉应当递交上诉状，上诉状应当包括当事人的姓名、法人的名称及其法定代表人的姓名或者其他组织的名称及其主要负责人的姓名；原审人民法院名称、案件的编号和案由；上诉的请求和理由。

第二审人民法院经过对上诉案件的审理，应当按照下列情形来分别处理。

①原判决、裁定认定事实清楚，适用法律正确的，以判决、裁定方式驳回上诉，维持原判决、裁定。

②原判决、裁定认定事实错误或者适用法律错误的，以判决、裁定方式依法改判、撤销或者变更。

③原判决认定基本事实不清的，裁定撤销原判决，发回原审人民法院重审，或者查清事实后改判。

④原判决遗漏当事人或者违法缺席判决等严重违反法定程序的，裁定撤销原判决，发回原审人民法院重审。

（4）特别程序

特别程序主要针对一些特殊情况，如选民资格案件、宣告失踪或死亡案件和确认调解协议案件等情况。其中，经依法设立的调解组织调解达成调解协议，申请司法确认的，由双方当事人自调解协议生效之日起三十日内，共同向下列人民法院提出。

①人民法院邀请调解组织开展先行调解的，向作出邀请的人民法院提出。

②调解组织自行开展调解的，向当事人住所地、标的物所在地、调解组织所在地的基层人民法院提出；调解协议所涉纠纷应当由中级人民法院管辖的，向相应的中级人民法院提出。

人民法院受理申请后，经审查符合法律规定的，裁定调解协议有效，一方当事人拒绝履行或者未全部履行的，对方当事人可以向人民法院申请执行；不符合法律规定的，裁定驳回申请，当事人可以通过调解方式变更原调解协议或者达成新的调解协议，也可以向人民法院提起诉讼。

下面来看一个案例。

实例分析 通过诉讼方式解决劳动纠纷

张某是某信息公司的销售部经理，任职期间和该公司签订了保密及竞业限制协议，承诺无论何种原因离开公司两年内，除非获得公司书面认可，否则不得受雇于与公司有竞争关系或者其他利害关系的其他公司，公司会给予张某竞业限制补偿费。如果张某违反竞业限制协议，应当一次性向公司支付其年收入10倍的违约金。张某因个人原因离职后，该信息公司亦按约向其支付竞业限制补偿金。

后该信息公司发现张某在竞业限制期内多次参加与其有竞争关系的某公司组织的展会或论坛，并收取了该公司员工向其支付的40.00万元款项。该信息公司认为张某违反了竞业限制协议，遂申请仲裁，请求张某立即停止违反竞业限制的行为、支付违约金并赔偿损失，仲裁机构未予支持。

该信息公司不服仲裁裁决，提起诉讼，经法院审理认为，张某的行为违反了竞业限制义务，根据保密及竞业限制协议的约定，张某应当向该信息公司支付竞业限制违约金，最终判定张某支付违约金30.00万元。

从此案例可以看出，经过仲裁失败之后，该信息公司提起了诉讼，经过法院审理，最终该公司获得了赔偿。所以，在用人单位无过错的情况下，应当采取合法手段维护自身的权益。